A HISTÓRIA DE UM Resgate

Edição: RAFAEL MARTINS MARQUES

Colaboração: ELIEL GOMES

Revisão de Texto: POLIANA VERÍSSIMO DE ALENCAR RODOVALHO E SUELLEN DUARTE COSTA

Revisão Final: POLIANA VERÍSSIMO DE ALENCAR RODOVALHO

Índice

Agradecimentos.. 06
Sobre "A História de Um Resgate"....................................09
Uma Palavra Necessária..14
Nota.. 18
Capítulo 1 – O Início da Jornada.......................... 22
Capítulo 2 – Tristes Melodias................................ 28
Capítulo 3 – Fuga à Floresta................................. 34
Capítulo 4 – A Caixa Mágica................................. 46
Capítulo 5 – Pó, Batom e Delineador....................60
Capítulo 6 – A Febre.. 72
Capítulo 7 – Doce Amargo Líquido do Esquecimento
....
80
Capítulo 8 - Entre Caixas e Lençóis.......................88
Capítulo 9 – A Esperança Verde e Amarela............102
Capítulo 10 - Nova Semente..................................108
Capítulo 11 – Os Lobos..124
Capítulo 12 – O Pequeno Pássaro.........................134
Capítulo 13 - Um Belo Uniforme...........................140
Capítulo 14 – Lágrimas em Meu Rosto.................152
Capítulo 15 – A Minha Montanha.........................162
Capítulo 16 – O Sonho...172
Capítulo 17 – Uma Nova Jornada......................... 182

"*Eu daria a minha vida para ver uma só dessas meninas recuperada, com Jesus no coração, cheia da vida de Deus, alegre, e apresentá-la ao Senhor Jesus, dizendo: Aqui está, Senhor, é tua Noiva.*"

José Rodrigues

[1]RODRIGUES, José. Cartas de Varanasi. Trindade: MCM Publicações, 2009, p. 91.

Agradecimentos

Gratidão define tudo o que sinto neste momento especial em minha vida. Sou grata a Jesus, meu Senhor e Salvador, Deus Justo e Reconciliador, Soberano em seus desígnios, Caminho e Verdade para a vida eterna, cuja Palavra me inspira e proporciona um propósito pelo qual viverei. De modo espantoso e maravilhoso sua boa mão me tem preservado e guiado desde o princípio, mesmo antes de se haver revelado já havia perdoado meus pecados e me amado com amor genuinamente puro e profundo. Ele é minha Viva Esperança e a certeza de que toda lágrima será enxugada, de que há esperança para o ferido e de que o amor é a maior de todas as virtudes. Obrigado Senhor! Obrigado, por me resgatar, curar e mudar meu destino; muito obrigado!

Agradeço aos meus bravos tios e amigos Silvio e Rose Silva, pessoas que as palavras jamais poderão expressar a integridade e piedade cristã. "Pais" que muito me orgulham e que desejo imitar - como eles mesmo têm imitado a Cristo. Obrigado por cada palavra de encorajamento, por me ajudarem a ser melhor a cada dia, por me inspirarem, por me guiarem a Cristo.

Do mesmo modo, minha irmã Mamata – uma conselheira e irmã mais velha – que com paciência e amor me ajuda a enfrentar os desafios diários, trabalha incansavelmente para que minhas irmãs, irmãos e eu sejamos verdadeiros filhos e filhas de Deus.

Seu esforço, dedicação e misericórdia têm proporcionado cuidado e restauração a dezenas de crianças e adolescentes das quais sou parte. Não há palavras que definam a gratidão que tenho a você.

Certa ocasião uma irmã me indagou sobre o Programa Meninas dos Olhos de Deus, emudeci por alguns segundos, faltavam- me palavras para expressar a completa gratidão que sinto. Encontrei mais do que um abrigo, encontrei um lar, uma família que trabalha incansavelmente para me ajudar a realizar cada sonho que Deus me tem confiado. Todas as pessoas envolvidas no programa são especiais para mim. Obrigada Jesus, por essa família, sei que não merecia o amor deles, mas obrigada por ter me escolhido entre tantos para receber o amor, apoio e proteção que me proporcionam.

Quero agradecer também ao grupo da IJM (International Justice Mission – Missão Internacional de Justiça) que Deus usou para me resgatar daquela vida de escravidão. Sou livre, porque eles lutaram contra muitas pessoas para fazer justiça ao meu favor.

Não posso esquecer os professores da escola Apple Of God's Eyes – Academy, que com paciência e dedicação me ensinaram muito e me desafiam a trabalhar com empenho por uma sociedade mais justa e por mais acesso à educação no interior do meu país.

Agradeço também as pessoas de diferentes lugares do mundo que oraram por mim, demonstrando seu amor e cuidado. Sei que muitos oraram pela minha salvação. Obrigada.

7

Esse processo de escrita começou em 2012, pois eu queria compartilhar os eventos que aconteceram na minha vida, os milagres e as mudanças que experimentei. Orava a Deus perguntando o que Ele queria de mim, e muitas vezes o desejo de escrever essa história vinha ao meu coração.

Espero que você seja abençoado com esta leitura, ao ver a obra que Deus fez em minha vida. Que o Senhor abençoe você e os seus sonhos.

Anjali Tamang

Sobre 'A História de Um Resgate'

Completei recentemente a idade de 79 anos, exerci a profissão médica por mais de 30 anos no estado de Goiás, Brasil. Era um homem abastardo, possuía fazendas, muitas empresas, aviões particulares, carros e muitos imóveis. Porém, certo dia fui despertado para uma realidade dura e cruel: a escravidão sexual de crianças e adolescentes pelo mundo.

Em 1995, o Senhor Deus falou profundamente ao meu coração para que deixasse tudo o que não tinha valor eterno, inclusive que interrompesse a profissão médica, e começasse uma obra para a eternidade. Passei a compartilhar com outras pessoas sobre a triste realidade da escravidão de meninas e meninos, viajei para alguns países e fui testemunha ocular desta barbárie moderna.

Porém, em 1997, pela primeira vez, visitei um bairro de Bombeei apelidado de Red Light Zone (bairro da Luz Vermelha). Um distrito com aproximadamente 1 milhão de habitantes, onde as escravas sexuais são expostas a céu aberto, meninas e mulheres de muitas nacionalidades, nepalesas, tibetanas, paquistanesas, tailandesas, bengalis e indianas. Nesta região, em sua maioria, os traficantes são muçulmanos e fazem parte de um esquema criminoso muito bem organizado. Possuem aviões, frotas de veículos, controlam pessoas influentes da polícia e do governo, movimentando anualmente bilhões de dólares.

Eles exploram os países pobres da Ásia em busca de meninas que, geralmente, se encaixam no perfil solicitado pelos compradores – meninas virgens, de faixa etária baixa, com rostos delicados, olhos oblíquos, estatura mediana ou alta. Homens ricos as "encomendam" e por alguns dias estas crianças se tornam objetos que saciam sua compulsão maligna, pedófilos de alta posição social que se hospedam em hotéis de luxo e violentam compulsivamente crianças indefesas. Bastam poucos dias para que elas estejam completamente destruídas e sejam descartadas nos bordéis indianos. É comum ouvirmos relatos de meninas que foram "vendidas" pela própria família, sob a promessa de que seriam entregues a maridos ricos, ofertas de emprego em cidades grande da Índia ou até de que receberiam bolsas de estudo.

Nesta primeira visita fui profundamente impactado. Orei ao Senhor: "diante de um gravíssimo problema de dimensões absurdas, o que poderíamos fazer?" Ele respondeu: "dá-me seus cinco pães." Foi o que fiz. A Missão Cristã Mundial (MCM), tinha apenas 18 meses. Alguns trechos deste romance são inspirados em experiências que vivi neste período. Como por exemplo, o corpo da menina envolto em lençóis descartado em meio ao lixo.

A princípio imaginávamos que deveríamos resgatar e acolher meninas na Índia, morei por aproximadamente 6 meses em Varanasi

– cidade de mais de 5000 anos de história, mas logo percebemos que a maioria das meninas exploradas na prostituição indiana eram nepalesas. Logo, no ano de 2000, enviamos para Kathmandu

– Nepal - os missionários Silvio e Rose Silva acompanhados de seu filhinho Davi, com apenas U$ 5.000,00 no bolso para sobreviverem por 12 meses. Em 2001 próximo a completar o primeiro ano deles no Nepal, recebemos no Brasil a foto da primeira menina resgatada. Que momento único e de indescritível alegria no Senhor. Já se passaram 17 anos de um aprendizado bastante doloroso, mas o Senhor tem feito infinitamente mais do que nossas melhores expectativas imaginavam. Resgatamos centenas de meninas e meninos, distribuímos milhares de bolsas de estudos e trabalhamos ativamente na prevenção ao tráfico em contato direto com as famílias e as crianças do interior do Nepal.

A família Silva cresceu no Nepal, o Senhor lhes deu uma filha chamada Asha, e também seu ministério cresceu. Iniciamos uma escola de educação formal, que atualmente é modelo padrão para a sociedade nepalesa. No triste episódio do terremoto do ano 2016 atuaram junto a embaixada brasileira no Nepal e lideraram frentes de ajuda humanitária de diversas nacionalidades. Alcançaram reconhecimento de autoridades locais e internacionais – em países como Estados Unidos da América, Canadá, Austrália, Japão entre outros do continente europeu e América latina.

A ideia de documentar o que estávamos fazendo surgiu a partir de um documentário produzido e dirigido pelo cineasta brasileiro André Barbosa, que atualmente reside na Holanda, em comemoração aos 10 anos do Programa Meninas dos Olhos de Deus. De modo extraordinário em poucos minutos pôde sintetizar a visão do programa, bem como informar sobre o que estávamos fazendo e ainda advertir sobre este mal que ainda segue acontecendo ao redor do globo.

A partir deste curta metragem surgiu o sonho de produzirmos um filme longa metragem que narrasse a história de uma de nossas meninas. Recentemente, a pelo menos um ano e meio atrás, a querida Anjali escreveu sua própria biografia e entregou ao Silvio.

Isto nos deu a certeza de que estávamos no momento certo de dar continuidade a este projeto. Decidimos, em primeiro lugar, escrever um Romance sobre a história da Anjali. Uma obra para ser traduzida em várias línguas, que chegue ao conhecimento das autoridades nepalesas, indianas e, também, a ONU.

O Senhor têm nos dado tudo o que precisamos para realizar esta obra. Há dois anos conheci, na cidade de Rio Grande – extremo sul do Brasil, o pastor Francisco (conhecido como Chico). No final de outubro de 2014, numa noite de sábado preguei no culto da juventude da Comunidade Batista Koinonia. Lá conheci o Rafael e a Marcelli Marques. Tomei conhecimento do chamado deles e os convidei para a Escola de Missões da MCM.

Logo após a escola de missões, a Marcelli foi convidada a integrar a equipe do Programa Meninas dos Olhos de Deus no Escritório Central da MCM, e o Rafael desafiado a ser editor da MCM Publicações. Logo, precisávamos transformar o diário da Anjali em Romance, e ele foi a pessoa escolhida pelo Senhor para executar esta obra.

"A História de Um Resgate", foi escrita para ser uma obra de referência no auxilio ao resgate de meninas e meninos, bem como na prevenção do tráfico humano. Este é um Romance simplesmente extraordinário, escrito não pela mente do Rafael, mas por um coração cheio do Espírito Santo, completamente apaixonado por esta nobre causa.

Obra de grande sensibilidade poética e narrativa que nos conduz pelas montanhas do Himalaia, pelos bordéis indianos e, sobretudo pela maravilhosa graça de Deus através da simplicidade do olhar de uma menina nepalesa.

A partir deste romance produziremos o sonhado filme longa metragem sobre o resgate de meninas vítimas do tráfico humano.

A história do resgate da Anjali Tamang é, por si, emocionante. Agregou-se o olhar poético e profundo do seu coautor Rafael Marques, como resultado você tem em mãos uma obra apaixonante, que certamente irá lhe emocionar profundamente. Não tenho dúvidas que você ao ler este livro será profundamente tocado e transformado.

Deus lhe abençoe,

José Rodrigues
Trindade - GO, Março de 2017

Uma Palavra Necessária

Tenho a honra de prefaciar esta obra que narra a história de Anjali Tamang. Hoje, a vejo e considero como uma filha querida, uma amiga de confiança, alguém que sabe o que é sofrer, que experimentou profundos níveis de humilhação, mas que nunca desistiu de sonhar, que soube levantar a cabeça, que aproveitou o chamado de Jesus para cura e perdão, e seguiu seu caminho socorrendo vidas que, assim como ela, sofreram ou poderiam sofrer. Anjali prega e ministra para mim silenciosamente, sua vida ministra transformação e superação.

A "História de um Resgate" é um livro que traz a narrativa de Anjali Tamang. Uma simples menina nepalesa que nasceu nas montanhas de Nuwakot, o distrito mais afetado pelo tráfico humano no Nepal, local que é massivamente habitado pela etnia Tamang.

O livro traz uma descrição exata das montanhas de Nuwakot, da infância sofrida de Anjali com seu irmão, família e sonhos infantis, morte, perda, abandono e depois sua dolorosa trajetória pelo bordel indiano, a humilhação e vergonha em "carne-viva" e, depois, o tão desejado resgate, bem como seu retorno e a reconstrução de sua vida no Nepal. A leitura é uma verdadeira "viagem" pelas belas e imponentes montanhas nepalesas, seus verdes vales, pelos rios gelados dos Himalaias e a pitoresca vida nas montanhas ao redor de Gaunphedi (Vila da Anjali).

Também relata sobre os Tamangs, um povo lindo, diferente, rústico, que trabalha pesado, cheios de tradições centenárias e hábitos muito peculiares, contudo muitos Tamangs de Nuwakot permitiram que o tráfico humano se tornasse rotina em suas montanhas. Muitos habitantes desse distrito, até por falta de outras oportunidades e, também devido restrições políticas e culturais que sofreram, decidiram literalmente viver dessa horrível prática, com isso, quem paga o preço são suas pequenas meninas, lindas crianças morenas com traços mongóis (olhinhos orientais) que são vistas como lucrativa mercadoria nos bordéis indianos.

A descrição romantizada, teve a sensibilidade da redação vinda de Rafael Marques que lapidou o relato real e verdadeiro da Anjali, com cores poéticas tão reais que o leitor, poderá viajar aos locais descritos e vivenciar as dores e alegrias de cada situação.

Anjali não é apenas uma menina, mas ela representa milhares como ela que tiveram Seus sonhos roubados e violentados por homens por homens e mulheres sem alma que usam o ser-humano como mera mercadoria de negociação para satisfazer os desejos sexuais de pessoas sem o mínimo teor de humanidade.

Graças a Deus, a história de Anjali teve reviravoltas e toma contornos surpreendentes que não vou descrever para não estragar a surpresa, mas o que posso dizer, é que essa bela menina decidiu que a tragédia não seria seu destino final, mesmo sendo vendida, usada e abusada, ela conseguiu manter seus sonhos acalentados no fundo de seu coração e decidiu, em Deus, que seria instrumento para mudar essa realidade.

Em nossos 16 anos de Nepal (completados em novembro de 2016) vimos muitas pessoas que inicialmente se envolveram no combate ao tráfico, mas poucos tiveram uma atitude constante de luta contra esse mal.

Então, para não cairmos no lugar comum da indignação, emoção e envolvimento temporário contra o problema, creio que a leitura deste livro deve nos conduzir a três níveis de reflexão e envolvimento sistemático:

1. Conhecimento de situações reais que existem no mundo ou na vizinhança ao nosso redor: o tráfico-humano, o abuso sexual infantil, a pedofilia, esse último um mal social terrível que tem assolado nossa sociedade.

2. O envolvimento com essas causas, seja vindo ao Nepal ou algum outro país para provocar uma saudável interferência, ou mesmo, atuando em seu local de convivência, em seu próprio país, em sua rua, bairro, cidade. Sendo um decidido soldado disposto a intervir em cada caso apercebido.

3. A reflexão da "Anjali que pode existir em cada um de nós". Em nosso meio, em nossa vida, com certeza pessoas se identificarão com a Anjali do livro, talvez, não sendo vendido do Nepal à bordéis da Índia, mas poderá identificar-se com os abusos de autoridades, abusos sexuais, desprezo, humilhação e vergonha narrados. Creio que Deus pode usar a história da Anjali para lhe trazer cura, caso você tenha vivido alguma dolorosa experiência

16

em alguma dessas áreas ou outras não descritas no livro, mas que causaram dor e danos na alma.

Lembro-me de Anjali dando seu depoimento numa reunião onde ela pediu que "perdoássemos seu povo, pois eles eram ignorantes e não sabiam o mal que estavam praticando". Ela mesma pediu para que considerássemos a possibilidade de abrir escolas e igrejas em sua área para que o seu povo aprendesse sobre o tráfico humano e seus danos às crianças.

Anjali não deixou que o bordel matasse seus sonhos, ela sonhava em reabrir a escola do pai, ela sonhava em ser uma voz ativa contra esse mal e tem conseguido. Sua história não pode ser vista apenas como emoção e compaixão, mas sim, como uma voz contra o tráfico, uma voz de alerta ao mundo. Esse câncer da humanidade tem avançado impiedosamente para alimentar a pedofilia que cresce a níveis muito alarmantes, mas pessoas como Anjali, que decidiram "virar a mesa", têm sido usadas por Deus para dar uma voz às vítimas, para mudar paradigmas e reescrever histórias que poderiam ter final trágico, mas que podem ter ainda um final ou recomeço feliz.

nota

Este é um livro sobre esperança, uma das três virtudes da fé cristã. Seria possível separar a esperança, da fé e do amor? Certamente não. Todo ser humano nasce com certa reserva dessas virtudes. Algumas pessoas possuem muito pouco destes atributos, porém há quem possua grandes reservas, poderíamos afirmar que são detentoras de um tesouro inestimável.

Quanto de Deus há em uma menina budista? Quanto do divino há em um sujeito que jamais ouviu algo sobre o Deus dos cristãos? A partir de qual ponto da nossa existência passamos a ser acompanhados de perto por Ele? Seria Deus um "deus" com sentimentos humanos ou seríamos seres humanos com sentimentos divinos? Todo homem nasce com a eternidade oculta em sua consciência, uma medida de Deus em nossa essência: a fé, a esperança e o amor.

Ao conhecer a história da Anjali Tamang percebi, desde o princípio, Deus. Como uma figura na sombra, não um coadjuvante, mas como alguém que tem a habilidade de estar presente, manifestar-se e até envolver-se sem ao menos revelar a própria identidade. Mais tarde, quando conheci pessoalmente minha irmã Anjali, numa de nossas conversas ela disse: "Deus sempre esteve comigo, é estranho, não sei como explicar, mas Ele preservou a minha vida...".

Como um Deus amoroso permite tanto sofrimento? Por quecrianças são maltratadas e exploradas? Por quê? A resposta não está no céu, mas sim na Terra. A maldade é humana e não divina, o pecado desde o primeiro homem sob a gravidade até a criança que nasceu há poucos minutos está submisso a inclinação para o mal de cada um de nós.

Este romance sobre a vida da Anjali Tamang, não é um documentário, não tem compromisso algum em reportar a prostituição infantil ou o tráfico humano – em relação a estes temas já foram publicados excelentes livros, inclusive, por nossa editora MCM Publicações, muitos documentários filmados, e excelentes filmes hollywoodianos. Também não é uma obra sobre o Programa Meninas dos Olhos de Deus, sequer sobre a Missão Cristã Mundial.

Sobre o que, de fato, fala esta obra?

Fala sobre a vida da Anjali, este é o seu romance, sua emocionante história. Conta o modo excepcional pelo qual recuperou o sorriso em seu rosto, fala sobre a esperança em meio ao caos, sobre um Deus amoroso que não desiste de perseguir o homem caído pelo pecado para salvá-lo da eternidade em sofrimento. Narra a saga vivida por uma menina do interior do Nepal que tornou-se órfã aos oito anos de idade e passou a cuidar da própria vida, que foi vendida para ser escrava, que provou o que de mais amargo há nesta vida breve e cruel.

Escolhemos, ou talvez, a figura na sombra o tenha escolhido, narrar esta obra em primeira pessoa. Pouca

19

atenção é dada aos elementos circunstanciais, não nos ocupamos em descrever exaustivamente os cenários – seja o Himalaia ou os bordéis indianos - do mesmo modo, não há nenhuma preocupação em explorar as cenas dramáticas de abusos e violência. Optamos por expor a alma de uma menina que teve a infância roubada,a inocência moída pela maldade humana, por chorar a suas lágrimas, gemer seus gemidos e sonhar seus sonhos.

Sim! Minha oração, o desejo mais profundo com relação a este livro é que você possa projetar-se na Anjali. Seja você mesmo a menina raptada, experimente em sua alma o amargo líquido da desesperança e do mesmo modo, seja você também "Uma menina dos Olhos de Deus", experimente seu cuidado e amor. Seja resgatado de uma vida sem sentido, encontre uma causa para viver, uma meta a atingir antes de morrer.

Finalmente, muito obrigado Anjali Tamang, de todo o coração. Você, seu modo simples de ser, seu sorriso tímido e olhar inocente

- ao mesmo tempo penetrante - alteraram nossas vidas, nossa equipe de editores, corretores, diagramadores e todos que tornaram possível este livro, foram eternamente alteradas. Deus, de um modo excepcional esteve presente em todo o processo nos ministrando profundamente através de sua vida, da sua história.

Com amor,

Rafael Martins Marques

capítulo 1

O Início da Jornada

No Himalaia, quando o sol na primavera irradia sua luz e emana seu agradável calor, podemos contemplar o ressurgimento das ervas nos campos. No verão, esses campos estarão coloridos pelas mais belas flores que meus olhos já contemplaram. Você, talvez não possa compreender, mas a liberdade é simples, como correr pelo campo, colher as flores das ervas, deitar sob o sol e deixar o corpo aquecido, poder sorrir sem medo. As estações quentes são breves e podem deixar uma saudade insaciável.

A saudade insaciável do afeto de um pai. Um pai, proteção, carinho, amor, braços que te envolvem e guardam. O perfume do amor é o cheiro do meu pai, sua voz bondosa que nas madrugadas de angustia me acalmam, suas mãos que me fazem sentir a pessoa mais protegida do mundo. E agora, apenas nos sonhos me alcançam, quando desponta o sol e o sofrimento me chama à realidade ele se vai, se esvai da minha memória, a cada dia mais distante. Como as folhas das árvores no outono, se derramam sobre o vale, são levadas pelo vento por longas distâncias e finalmente se unem a terra.

E os invernos, por outro lado, são longos, silenciosos e tristes. O inverno pode durar por toda a vida de uma pessoa, o canto lamurioso das correntes do vento pode ser a última canção que uma criança ouviu na sua vida. Na calada da noite congelante as matilhas de lobos atacam e roubam sonhos, dilaceram emoções e se você sobreviver haverão cicatrizes eternas.

As cicatrizes, talvez, não doam mais, são lembranças de um cativeiro, de um quarto na penumbra, da umidade e do mofo, doodor do tabaco e cheiro do álcool. São recordações, retratos da humanidade que guardo no baú da alma, chamado de coração por alguns poetas.

Muitos não conseguem prosseguir e caminhar em frente por causa de seu passado. Há coisas difíceis de esquecer, no início esquecer foi difícil para mim. Sei muito bem a dor que as más lembranças proporcionam à alma, pois tais lembranças são como o eco que nos chega, do passado ao presente, das vozes que tanto anelamos que fossem silenciadas, ou, melhor, vozes que gostaríamos de jamais tê-las ouvido[2].

Reminiscências trazidas pelo vento, relâmpagos na escuridão que tingem nossa essência puramente humana. Somos capazes de escravizar, tiranizar, torturar, matar em nome da autossatisfação, do prazer e da ávida ganância.

Nossa maldade não conhece limites, as fronteiras da razão não limitam nossa irracionalidade. Em troca de algum dinheiro, de bens e do conforto, perdemos a piedade e sem dor alguma vendemos crianças. Sim, era apenas uma criança, órfã de pai, uma rude florzinha que habitava o gigante Himalaia. Simplesmente uma Tamang, mais uma. Que não foi poupada, levada, carregada um punhado de

[2]Preservamos trechos originais do diário da Anjali Tamang, estas adições estão destaca-

pelo vento de desesperança, trocada por rupias, esquecida pela família, inútil para o mundo.

Agora percebo que o estado mais adequado de vida para uma pessoa é aquele no qual gozamos de liberdade. A liberdade é um direito que apenas conhecemos na plenitude, quando sentimos as dores de sua ausência. Possuir o governo das emoções, o direito das na "Fonte Calibri 12" ao longo dos capítulos deste romance sobre o próprio corpo, deitar e repousar sem medo, abrir as páginas de um livro e alimentar-se de conhecimento, sem dúvidas é o que de mais valioso uma menina pode possuir.

O grande sonho da minha infância era estudar, poder frequentar uma escola, conhecer as letras, somar e subtrair os números, mas jamais se realizaria. Pelo contrário meu grande sonho converteu- se em armadilha, uma porta que me conduziu para um pesadelo quase infinito.

Conheceria uma cidade grande, descobriria lugares, conheceria pessoas, trabalharia muito, mas também estudaria, poderia realizar meu sonho. Porém, conheci a dor, a humilhação e a pior face da humanidade. Você não pode imaginar o quanto podemos ser maus, somos capazes de reinventar a maldade a cada dia.

Pessoas, em alguns casos da própria família, vendem outras pessoas... Vendem, porque outras pessoas as compram... As compram para explorar, escravizar, vender seus corpos... Vendem os corpos, porque outras pessoas desejam consumir – não apenas onsomem um corpo... Consomem sonhos, a inocência, a vida se esvai... A cada visita, a cada gota de álcool, a cada trago de fumo, a cada

25

agressão... A vida se estingue e a maior parte daquelas pobres meninas jamais voltará a ser criança, jamais se tornarão mulheres...

convívio familiar? Por que alguns nascem fadados ao sofrimento? Muitas crianças estão com as emoções adoecidas, Por que milhões de meninos e meninas ao redor do globo não

estão brincando, estudando e desfrutando do saudável já não sonham mais, apenas existem na imensidão azul. Elas deveriam descobrir, tomara que fosse hoje, que o que está acontecendo não é normal, sequer saudável, que não foi para isso que nasceram... Deveriam descobrir que tem valor, valor que não pode ser pago com nada que seja humano ou quantitativo... Seu valor transcende os valores desta terra... Fui uma dessas crianças sem infância, prisioneira num quarto, à mercê dos desejos de pessoas sem coração, tão presa, física e emocionalmente, que a liberdade que outrora desfrutava em meu vilarejo não passava mais de uma apagada lembrança...

Eu me imaginava como um grão de pó numa estrada, o qual ninguém se importava ou valorizava. Pisavam em mim, passavam por cima, me viam, mas ninguém se importava. Só me usavam. Eu nada tinha, nada sequer, apenas o sofrimento pesava sobre mim, uma força que me fazia prostrar...

capítulo 02

tristes melodias

Chamam-me de Anjali, não foram meus pais que escolheram, na verdade eles ao menos conheceram o homem que me pôs esse nome. Nasci num vilarejo do lado leste do Himalaia, chamado Kinur, onde as montanhas são adornadas pelo branco da neve e os vales verdes são cortados por riachos de águas frias.

Num dos menores países do mapa mundial, conhecido por ter muitas coisas diferentes: o rio Mechi ao leste e o rio Mahakali ao oeste; ao norte os Himalaias, o "teto do mundo" e as planícies Terai ao sul; pessoas falando idiomas variados, usando roupas típicas e celebrando muitos festivais com belezas naturais... Esse é meu país, o Nepal. É difícil encontrá-lo no globo, mas ele tem o pico mais alto do mundo, talvez seja esse mais um dos paradoxos tão comuns neste país, revelando a bravura que lhe é característica.

O vilarejo é um lugar de contrastes, meu povo tem um modo particular de levar a vida. Amamos a terra, a cultivamos com devoção e respeito, construímos casas de pedras com fornos rústicos, cortamos lenha para aquecer o corpo nas madrugadas de frio rigoroso, criamos animais e carregamos água do rio por trilhas perigosas até nossas casas. Não possuímos registro civil, sequer temos sobrenome, ao nascer ganhamos um apelido, algo que fale de uma circunstância ligada a nossos pais ou a época do ano em que nascemos. Sou uma Tamang, os Tamang são uma etnia aborígene da Yambu ou vale de Kathmandu.

Sou feliz por ter nascido num pequeno povoado, guardo boas recordações do meu povo, por mais densas que sejam as nuvens

– ainda que escuras e bravas – por detrás sempre haverá o sol. O fogo poderá nos queimar, mas também nos aquecerá, a luz intensa causa a cegueira, mas após alguns instantes revela tudo o que está ao redor. Quem não conheceu o bem não pode definir a maldade. A inocência ou o excesso de ingenuidade definem meu povo. Nossos costumes, festivais belos e multicolores, lindas moças, rapazes corajosos. Ao mesmo tempo fome, miséria, falta de afeto e abandono.

Há pouco tempo, quando era apenas uma menina ingênua e sonhadora, tinha uma família: pai, mãe e irmão. Éramos apenas quatro, mas muito felizes. Papai era um homem bom e justo, minha mãe uma esposa dedicada, meu irmão e eu apenas crianças normais do vilarejo. Havia também nossos avós e muitos tios, tias e primos. Minha família começou com o casamento arranjado de meus pais, algo muito comum na cultura Tamang.

Mamãe vinha de uma família muito pobre, trabalhavam até a exaustão na agricultura e apesar de muito esforço sequer conseguiam ter o suficiente para fazer refeições decentes. Desde criancinha ela trabalhava muito, como toda mulher Tamang, seu fado é ter filhos e trabalhar. Do quarto em que escrevo posso ver ao longe as montanhas do vilarejo, ainda estão verdes, é como voltar no tempo, retroceder as tardes nas quais meu irmão e eu seguíamos nossa mãe – jovem mãe – até o bosque para coletar pasto e alimentar os animais. Íamos correndo pelo caminho, sob seu olhar cuidadoso, seu rosto não possuía as feições rudes de hoje, vez por outra olhávamos para trás apenas para assegurar se ainda éramos seguidos por ela. Aquele olhar, suas advertências para não corrermos muito distante. Não posso descrever como desejei despertar e sentir que ainda estava sob sua tutela. pouco tempo sentiria tanto sua falta ao ponto de desesperar da própria vida.

Papai era um bom homem, "sincero e bom" diziam os mais velhos a seu respeito. Minhas memórias sobre ele são escassas, mas permeadas por boas recordações. Lembro-me do seu amor, do modo carinhoso como me tratava, do cuidado com nossa família. Era a sua menininha, quando estava sentada em seu colo sentia que era especial, única. Ele trabalhava diariamente a terra e a noite estudava de forma informal de acordo com suas possibilidades. Sonhava em estabelecer uma escola no vilarejo....

Lembro que o governo inaugurou um pequeno espaço, apenas uma sala, para fundar a escola do povoado. Papai foi escolhido para ser o zelador e, também professor substituto.

Quando a noite se aproximava comíamos nossa última refeição do dia, deitávamos, mas meu pai seguia debruçado sobre a mesa, sob a luz da lamparina estudava por longos períodos. Pouco a pouco meus olhos iam pesando e a última imagem de cada noite era do papai sentado lendo e fazendo anotações. Nenhum outro sonhou

31

com a escola na comunidade como ele, esse foi o sonho de toda sua vida, breve vida. O amor ao conhecimento é contagioso, creio que fui contaminada por esse desejo utópico de conhecimento, de sonhar com uma comunidade mais justa e com oportunidades iguais para todos, quando abro um livro, escrevo uma frase ou simplesmente ouço alguma consideração de um professor, o quadro que minhas recordações pintam é o retrato do meu pai.

***

Os invernos são longos, silenciosos e tristes. As tristes melodias do inverno são o lamurio dos ventos, os gemidos das árvores e as lágrimas que derramamos. Aos sete anos experimentei um dos piores momentos da minha vida, a tristeza me alcançou de uma maneira que não esperava, pois, a morte levou aquele que eu tinha por mais precioso. Papai parecia desanimado, um pouco triste, cada dia mais cansado, em pouco tempo ficou sem forças para levantar da cama. Sua doença poderia ser tratada, mas o costume Hindu não permitia outro recurso além do quais os curandeiros disponibilizavam.

A morte parece ter vida, sentíamos sua presença entre nós, é uma persona que se revela do nosso interior para o exterior, e vai tornando tudo em volta frio, muito frio. Eu ainda posso ouvir a voz do meu pai no momento de sua morte. Nossa casa estava cheia, eram muitas pessoas em volta do leito, minha mãe chorava baixinho, meu irmão e eu erámos como sombras, ninguém nos percebia, falavam como se não entendêssemos nada, não percebiam nossa tristeza. Crianças sentem dor, saudade e tristeza. Muita tristeza, ao ponto de inundar a alma e derramar pelos olhos cristais que fluem do peito e arranham a garganta, provocando uma intensa vontade de gritar e correr até perder as forças das pernas.

Aos vinte e nove anos de idade meu pai saiu de nossa casa e de mãos dadas com a morte seguiu seu caminho. Seu último suspiro foi dado após pedir aos seus pais e parentes que não desamparassem seus pequenos filhos. O maior temor do papai era que em sua ausência ficássemos desamparados, infelizmente foi o que aconteceu.

O vazio deixado por meu pai não foi mais preenchido, dias, noites, semanas e meses... as tristes melodias do vento acompanhavam nosso luto, minha mãe sempre triste entoava as canções do luto. Repentinamente tudo estava cinza, as nuvens eram densas e escuras, a temperatura pouco a pouco foi baixando e quando percebi já era inverno e continuaria assim por muito tempo. Tempo suficiente para esquecer quem havia sido, perder a capacidade de sonhar.

Nos dias seguintes a partida do papai, quase perdemos a escola, não fosse a intervenção de um amigo dele que conseguiu nomear minha mãe como substituta do falecido marido, o sonho de sua vida haveria sido destruído. Herdamos alguns hectares de terra e uns poucos animais para seguir a vida.

Mas que vida mesmo?

33

capítulo 03

Fuga à floresta

No inverno os ventos frios parecem penetrar os ossos, os músculos se contraem e o sangue circula com mais vagareza, as noites são mais longas, o cansaço domina a consciência, simplesmente adormecemos. Passam as horas... As primeiras luzes transpassam as fendas do telhado, o canto dos pássaros vai se intensificando... pouco a pouco vamos retomando o estado de consciência, começamos a perceber o ambiente em volta, o olfato procura o aroma da primeira refeição, os ouvidos com certa preguiça buscam os sons da manhã – quem sabe mamãe está preparando nossa comida – a pele deseja sentir o calor do fogo recém aceso... então você desperta, sua casa é simples, paredes de pedra, cobertura de folhas e barro, forno rústico, mobília improvisada, mas isso não importa... Bastaria poder ver o papai e a mamãe se movendo com cuidado para que meu irmão e eu acordássemos apenas quando o desjejum estivesse pronto...

Não! O fogo não ardia, não havia aroma de comida, não havia amor, inútil sonhar com o papai e despertar ansiosa para reencontrá-lo, quando na verdade jamais... Mamãe havia partido, recomeçado sua vida em outro casamento, em breve teria novos filhos. Meu irmão e eu; apenas duas crianças, órfãos abandonados na antiga casa de sua família, naquela e em muitas outras manhãs não comeríamos, todo calor que recebíamos era o do corpo um do outro.

35

As ervas ainda estavam congeladas pela madrugada fria e nossos pés descalços quebravam o gelo, caminhavam sem rumo na direção do nada, em busca de comida, de afeto, na busca de nossa infância perdida. As outras crianças do vilarejo estavam em suas casas aquecidas, desfrutando de sua primeira refeição com seus pais..., mas nós vagávamos como filhotes de cães famintos...

Pouco tempo depois da morte do meu pai, minha mãe reencontrou seu caminho. As canções de lamento e as roupas de luto foram trocadas por sorrisos e cantigas alegres. As lágrimas de minha mãe haviam secado, ficamos alegres com ela. Num dia qualquer completei nove anos de vida, não comemoramos, não havia nada de especial nesse dia. Não recebi presente algum.

Algumas semanas após meu aniversário, mamãe casou-se novamente. Meu irmão e eu fomos entregues a nossos tios paternos. O infortúnio dos órfãos é ser um peso para família, ninguém quer perder tempo, alimento e vida com o filho de outra pessoa.

Nunca senti que era bem-vinda na casa dos nossos tios, meu irmão e eu erámos como empregados, trabalhávamos muito, nossa rotina era apertada, não podíamos brincar, comíamos pouco e acordávamos cedo. Cansados, muitas vezes não completávamos as tarefas do dia então, erámos castigados.

Nossa tia era muito severa, depois de uma longa jornada nas plantações, meu irmão estava muito cansado, mas ainda deveria abastecer o reservatório da casa com água do rio. Morávamos em uma região montanhosa, para coletar água ele descia ao pé da montanha e voltava com dois pesados baldes pendendo nas espaldas. Ele tinha apenas 11 anos, estava cansado. Naquele fim de tarde nossa tia precisou de água e não encontrou, fechei os olhos. escondi minha face sob minhas mãos e a última imagem que lembro era meu irmãozinho franzino encolhido no chão e minha tia batendo nele com um sarrafo de madeira. Inutilmente se esquivava dos golpes, de cócoras avançava na direção da porta... e eu assistia a tudo parada sem mover nenhum músculo... naquele momento a única função ativa do meu corpo eram as lágrimas que corriam sem controle algum. Meu irmão alcançou a porta e correu. correu muito e desapareceu no bosque.

Mesmo com fome não comi naquela noite, queria que o dia amanhecesse rapidamente para procurar meu irmão, a noite fria certamente o estava castigando, não havia comido nada, por certo estava sofrendo muito. adormeci.

Nos dias que seguiram minha mãe foi informada do desaparecimento do meu irmão, procuramos por ele no bosque, nas margens do rio, atrás das pedras. Então perdi as esperanças de abraçá-lo, resolvi voltar a minha antiga casa.

A porta estava emperrada, mas com um pouco de força a abri, o cheiro de mofo estava forte, a luz pouco a pouco foi dominando o breu e sobre nossa antiga cama estava meu irmão, deitado em silêncio, seu corpo com muitos hematomas, com dificuldade ele sorriu para mim, ficamos juntos por alguns minutos, meu coração estava muito alegre por encontrá-lo vivo. Erámos apenas os dois num mundo que mais tarde descobriríamos imenso, muito além das fronteiras do vilarejo.

Mesmo ainda crianças, nós decidimos que voltaríamos a morar em nossa antiga casa – que estava vazia – e cuidaríamos um do outro, não aceitaríamos mais permanecer sob o domínio dos nossos tios, nossos avós eram idosos e não podiam nos acolher, mamãe tinha sua nova família. Simplesmente tudo o que tínhamos era um ao outro. Assim permanecemos.

Passávamos o dia brincando com as outras crianças e quando os pais delas as chamavam para comer os acompanhávamos, permanecíamos em silêncio, um pouco constrangidos, até que os adultos oferecessem um pouco daquela refeição para nós. Nossa fome era insaciável, comíamos rápido e sempre ficávamos na esperança de ganhar um bocado mais.

No período das colheitas trabalhávamos por alguns trocados, todo o dinheiro era usado para comprar comida, não tínhamos força para cortar lenha, então coletávamos o que estava pelo caminho. Meu irmão acendia o fogo e cozinhávamos com certa precariedade. Quando o estômago está aquecido por uma refeição o sono nos vence rápido e os sonhos alimentam a alma. Ao amanhecer nossa saga seguia, se não havia trabalho, não havia dinheiro, não havia comida...

Logo estávamos sempre em volta das outras crianças na expectativa de comer na casa delas. Sentíamos vergonha, às vezes não éramos bem-vindos, mas não havia outro modo de sobreviver. Nossa mãe e sua nova família

38

moravam a trinta minutos de caminhada de nossa antiga casa, com frequência caminhávamos até ela, sentíamos saudades, mas sua nova vida a ocupava demais para que pudesse nos dar atenção.

Recordo que nas noites de tormenta, os relâmpagos acompanhados de grandes estrondos enchiam minha alma de medo e meu corpo tremia, abraçada com meu irmão forçava os olhos para que permanecessem fechados. Então sentia vontade de sair correndo na direção da nova casa da nossa mãe, queria esconder meu rosto nela, abraçá-la... o abraço de uma mãe ou de um pai acalma os tremores do corpo, aquieta a alma. Numa dessas noites o vento soprou muito forte e corremos para a casa de nossa mãe... batemos à porta, pedimos para entrar, mas ninguém respondeu. Voltamos encharcados para nossa cama, dormimos sós... com o tempo até o medo vai sendo esquecido. Erámos meninos, crianças, mas nossa alma parecia estar secando.

Passamos parte da nossa infância comendo e dormindo na casa dos nossos vizinhos, para nós eles eram nossa família e o vilarejo o nosso lar. Brincávamos o dia todo com os nossos amigos e eles iam para as suas casas à noite e seus pais preparavam comida para eles. Todas as casas brilhavam com o fogo aceso da cozinha, mas a nossa estava coberta de escuridão. Eu não sentia que a minha casa era meu lar, éramos crianças e sempre comíamos na casa dos outros, não tínhamos quem cozinhasse para nós.

***

O vilarejo recebia mascates, vendedores ambulantes, que traziam muitas mercadorias, como brincos, laços e fitas para o cabelo. Meu irmão quando tinha dinheiro comprava um par de brincos para me presentear e se estava sem recursos dava um jeito larapiar apenas para me alegrar. Quando trabalhávamos nas colheitas ou ganhávamos algum dinheiro de algum parente, juntávamos o valor e corríamos para comprar comida. Erámos parceiros, cúmplices e dividíamos tudo o que tínhamos, inclusive as tarefas básicas do lar como faxinar e cozinhar.

Aguardávamos ansiosos o Dashain, um festival nacional do Nepal muito especial para nosso povo. Nesses dias as famílias se reúnem para festejar e oferecer belas refeições. Três ou quatro dias antes da festa íamos à casa do vovô e pedíamos dinheiro a ele, ganhávamos em torno de cinco mil rupias. Com o valor ganho meu irmão comprava arroz, roupas novas para mim e se sobrasse dinheiro alguma roupa para ele.

No festival meu irmão trazia carne e preparava a refeição, enquanto eu limpava nossa casa. Nossas tias paternas traziam um pouco de vinho de arroz e à noite íamos para a casa dos nossos avós maternos. Sentados em volta da refeição, ouvimos as histórias contadas pelos mais velhos, cantávamos canções folclóricas e por um curto período de tempo nossas emoções eram entorpecidas e sentíamos que éramos crianças normais, amadas e protegidas por nossa família. Então, a luz da lamparina ia enfraquecendo, os convidados da casa começavam a se despedir, nossos primos retornavam para casa com seus pais, e nós retornávamos para nossa casa, solitários.

Faltavam poucos meses para que completasse onze anos, meu irmão já havia completado quatorze anos, começara a trabalhar regularmente nas plantações, já não podia voltar para casa todos os dias, as colheitas exigiam muito esforço e o caminho da volta para casa era longo e perigoso para ser trilhado à noite. Então, passei a ficar só em casa.

Nestas noites coisas estranhas começaram a acontecer, ouvia passos ao redor da casa, e não raramente a porta era forçada. Com muito medo cobria a cabeça e me esforçava para dormir. Ouvíamos muitas histórias sobre espíritos, imaginava que estava sendo perseguida por eles. Então meus tios, irmãos do meu padrasto começaram a visitar minha casa regularmente, principalmente na ausência do meu irmão.

Eles me levavam agrados, comida e faziam elogios que me deixavam constrangida. Naquele tempo não entendia o que estava acontecendo, mais tarde a tragédia maior me fez entender com clareza as tragédias menores. Num final de tarde um dos meus tios chegou à minha casa e levou muita comida, ficamos conversando por algum tempo e a noite foi se aproximando... Ele insistia para que eu deitasse para dormir, me disse para não temer os espíritos porque ele velaria meu sono.... Então deitei, estava feliz e protegida por alguém em quem confiava, o mal não tem aparência feia, pelo contrário pode ser uma face conhecida na qual você confia.

41

Despertei e ele estava me tocando, não entendi bem o que estava acontecendo e insisti para que parasse. Então ele me deixou. Senti muita vergonha, busquei ajuda, mas não encontrei, quis chorar, mas minhas lágrimas eram inúteis. Percebi que precisava estudar, tentar uma profissão e depois deveria me casar.

Então os parentes do meu padrasto começaram a me falar sobre a Índia, contavam histórias sobre bons colégios indianos e, também falavam de muitas meninas que iam para trabalhar na casa de famílias ricas e conciliavam os estudos. Comecei a considerar essa possibilidade, mas era apenas uma menina para perceber que o mal tem uma face atraente.

As pessoas costumavam me dizer para ir à Índia, diziam: "Lá você vai ganhar muito ouro, ganhar muita coisa boa, você poderá ajudar a sua família, e não precisará trabalhar nos campos do vilarejo". Meu padrasto era uma pessoa boa, jamais nos bateu ou cometeu qualquer tipo de violência contra nós, lembro que comprava roupas para nos presentear – ele próprio não tinha roupas novas. Porém, seus irmãos eram como lobos me rodeando, a espreitar, aguardando a oportunidade de me devorar. Insistiam para que viajasse para Índia, diziam a minha mãe que ela ganharia um bom valor e, ainda, me beneficiariam com um trabalho bem remunerado e educação formal nas escolas indianas.

Nesse tempo meu irmão rompeu definitivamente suas relações com nossa mãe, na época não sabia o motivo. Ela havia dado à luz a nossa irmã, sua nova família estava crescendo e suas necessidades estavam agravadas. Os

42

animais que possuía não eram dela, mas sim a herança do meu pai que fora deixada para os filhos. Após o rompimento, meu irmão levou os animais de volta para nossa casa.

Minhas tardes estavam mais alegres, cuidava da nossa búfala, de um casal de cabras e algumas galinhas. Nas noites que meu irmão passava fora, ainda recebia as perigosas visitas dos meus tios e cada vez mais sentia medo do mal que poderiam me causar.

Numa manhã, fui encontrar minha mãe no rio para lavarmos nossas roupas, quando descia na trilha passei por um grupo de rapazes desconhecidos, mais tarde descobriria que eram de outro vilarejo, tinham fama de perturbadores e raptavam meninas para forçá-las a casar com eles.

Com medo, passei por eles de forma discreta, mesmo assim me perceberam. "Qual é o seu nome?" "Para onde estará indo?" Perguntavam entre si. Gargalhavam zombando da minha aflição, não respondia a nenhuma pergunta. Isso os deixou muito zangados e passaram a me perseguir, por sorte havia muitas pessoas no caminho, o que certamente me protegeu.

Já no rio, ousadamente vieram até minha mãe e fizeram muitas perguntas a meu respeito. Com medo minha mãe sussurrou nos meus ouvidos, disse que iria distraí-los e me ordenou que corresse até encontrar um lugar seguro.

Desesperada corri na direção da floresta, minhas pernas e pés doíam, mas não parei de correr até encontrar um lugar seguro para me esconder daqueles rapazes. Quando se aproximou a noite e o perigo havia desaparecido voltei para casa. Nos dias seguintes, eles continuaram suas incursões até o vilarejo, ameaçando não apenas a mim, mas também outras meninas. Meu irmão buscou ajuda para me defender e se associou com outros rapazes do vilarejo que passavam o tempo vago bebendo e jogando cartas. Em pouco tempo nossa amizade foi definhando e me encontrava irremediavelmente solitária e sem esperanças.

Cada dia mais meninas do vilarejo viajavam para a Índia, seus parentes contavam muitas histórias sobre elas, diziam que estavam estudando e ganhando dinheiro. Muitos exibiam o valor que haviam recebido como adiantamento pelo trabalho das meninas. Homens estranhos passaram a visitar regularmente nossa comunidade e fizeram amizade com muitas famílias, falava-se muito sobre eles, diziam ser representantes de agências de trabalho indianas. Suas histórias eram muito convincentes e muitas meninas foram levadas por eles, inclusive duas tias e uma prima minha.

Sob forte pressão, sofrendo abusos de meus tios, correndo o risco de ser raptada por algum marginal do outro vilarejo e diante da miséria que a nova família da minha mãe estava enfrentando decidi ir para Índia. Ganharia um emprego, poderia estudar e minha mãe receberia uma boa quantia em dinheiro para pagar suas dívidas e começar a criação de alguns animais.

A esperança bateu a minha porta, sua pele era macia como a lã de um cordeiro, seus olhos negros como a noite sem luar e seu sorriso possuía longos dentes caninos.

capítulo 04
A Caixa Mágica

Naquela madrugada a bruma cobria delicadamente as montanhas, meu vilarejo estava completamente encoberto. Em silêncio avancei na direção do lugar marcado, meu coração estava apertado, ainda ruminava muitas dúvidas. Caminhei em silêncio na direção do vazio, a dor da despedida foi intensa, embora minha alma se apegasse às promessas recebidas, meu espírito de um modo inexplicável antecipava todo mal que me sobreviria.

Os dias que antecederam minha partida foram muito intensos. Havia perdido a paz, os dois irmãos do meu padrasto sempre buscavam uma oportunidade de ficar a sós comigo, minha mãe, meus avós, tios e até primos insistiam para que casasse logo. Estava prestes a completar doze anos, não tinha acesso à escola, não haviam ali oportunidades de emprego além da agricultura.

Meus tios não cansavam de contar histórias impressionantes sobre a vida na Índia, falavam de prosperidade, boas oportunidades. Além do mais, diziam eles, as garotas que ingressavam no mercado de trabalho indiano enviavam dinheiro para suas famílias, logo poderia ajudar minha mãe e sua nova família, talvez convidar meu irmão para morar comigo.

Sonhei que mudaria minha história, que minha família me respeitaria, não seria apenas uma órfã sem valor, uma simples esposa aldeã. Um dia voltaria de cabeça erguida, reencontraria aqueles que se aproveitaram da minha inocência. Reconstruiria a escola do papai e jamais outra criança do vilarejo seria vitimada pela ignorância e os casamentos forçados. Essas ideias flutuavam na minha imaginação, perdia o sono e sonhava acordada.

Cada dia mais meninas deixavam o vilarejo na direção da terra dos sonhos, o vilarejo já possuía mais meninos do que meninas, alguns jovens já buscavam suas esposas em outras comunidades por falta de mulheres na nossa região. Algo misterioso pairava sobre o semblante das famílias, exceto a quantia de dinheiro recebida na partida das meninas, não recebiam nada mais, inclusive elas jamais tentavam contato. Alguns arrazoavam afirmando que a vida de tão boa e intensa não permitia que elas recordassem o passado humilde no vilarejo.

Algumas mães choravam pela falta de notícias, logo minha mãe passou a considerar minha partida como algo perigoso, e pediu que eu desistisse da ideia de viajar para Índia. Porém seus argumentos jamais me convenceriam, estava resoluta, todas as histórias que havia ouvido me davam segurança suficiente para seguir em frente.

Um dos irmãos do meu padrasto acertou minha partida, dois homens foram até minha casa e combinaram comigo o dia e o horário da viagem. Pediram sigilo absoluto, me asseguraram que era mais simples deixar minha família sem o enfado da despedida, não seria um "adeus", apenas um "até breve". Sim, em breve retornaria como uma mulher estudada e profissionalmente realizada. Caso alguém notasse minha intenção de deixar o vilarejo deveria arranjar uma desculpa qualquer. Quando percebessem minha falta, seriam surpreendidos por uma generosa quantia de rupias, que certamente aliviaria não apenas a

48

saudade, mas também as dívidas e a fome que minha mãe e sua nova família vinham enfrentando.

Naquela madrugada fria, não despertei, sequer dormi. Estava ansiosa pela partida. Meu irmão dormia profundamente, seu corpo estava castigado pelo trabalho exaustivo nas plantações. Antes de deixá-lo o observei sem pressa, já possuía as feições de um homem, sentia orgulho de seu trabalho pesado para me sustentar. Naquele momento rememorei nossa infância, nossas travessuras, a cumplicidade nas brincadeiras, no trabalho, na fome e na tristeza. Não podia imaginar naquele momento a falta que sentiria dele, viriam muitas madrugadas de medo nas quais buscaria sua mão para aplacar o terror e não a encontraria. Sim, minha família estava ali deitada sobre aquela cama improvisada, exausta do demasiado labor, perdida num vilarejo conhecido por poucos, num mundo que em algumas horas se revelaria imenso, desmesurado. Com cautela abri a porta, por alguns instantes o medo me fez vacilar, em pouco tempo lamentaria com todas as forças a perniciosa obstinação que havia em meu coração.

Avancei tateando em meio a densa neblina que se estendia naquela madrugada, era por volta das três da manhã. No lugar marcado me aguardavam quatro homens, uma menina do vilarejo vizinho e quatro meninos. Imediatamente nos entregaram roupas novas e pediram que deixássemos as roupas que vestíamos na mata. Vestimos roupas indianas e começamos nossa jornada na direção do desconhecido, nos dividiram em duplas e caminhamos muitas horas guardando a distância de aproximadamente 300 metros entre cada dupla.

49

Escalamos e descemos montanhas, desbravamos caminhos ainda não trilhados. No trajeto fizemos poucas paradas para beber água, minhas pernas e pés doíam demasiadamente, minha mente estava exaurida ao ponto de murmurar coisas sem sentido. Minhas pernas pareciam queimar de dor, deixamos para trás muitas colinas, montes e montanhas. A mata encobria tudo, a bruma densa pouco a pouco foi vencida pela luz do sol.

Já contávamos mais de treze horas de marcha pela mata, e finalmente escalamos o último elevado, já se aproximava o fim de tarde e meus olhos comtemplaram o indescritível, vi pela primeira vez uma cidade. Diante dos meus olhos se revelava o mundo e sua exuberância, naquele momento pensei estar atravessando a última fronteira da Terra. Era Katmandu, a capital do meu país. No topo daquela montanha olhei para trás, elevei meu corpo nas pontas dos pés para enxergar mais distante, mas foi inútil....

Meus olhos inundaram-se, transbordaram, as lágrimas salgadas tocaram meus lábios, despertei finalmente. não veria mais minha montanha, meu povo, tudo havia ficado para trás, já eram parte do passado. lembrei do meu irmão, por certo estaria preocupado com meu desaparecimento... nós que sempre fomos um, agora éramos dois, perdidos na imensidão azul. Um mundo velho e sem fronteiras.

Então um dos homens me perguntou o motivo do meu choro, disse a ele que era sede, talvez fome e ele me animou, aquela era a parte final da nossa marcha. Descemos a colina e uma van nos aguardava. Era apenas uma menina rústica, jamais havia deixado meu vilarejo, não conhecia motores, energia elétrica, jamais havia visitado sequer outro vilarejo além do qual pertencia desde meu nascimento.

A viagem no automóvel foi estranha, um misto de ansiedade e náuseas. Estava demasiadamente cansada. O chofer resmungava, nervoso com o trânsito batia na buzina do automóvel repetidas vezes. As ruas estavam cheias, pessoas caminhavam em todas as direções, os veículos desviavam uns dos outros, a todo instante pareciam que iam chocar-se. Fico a imaginar se aquele homem sabia o que estava se passando naquele momento, se sabia por que não interferiu? Quanto sofrimento me seria poupado se ele interferisse. São respostas que jamais terei. Finalmente, repousei a cabeça no colo de um dos guias e adormeci.

Despertei já no destino final daquela primeira jornada, uma casa, semelhante a uma pousada rudimentar. Já era noite, não sei ao certo qual o horário, nos levaram para um quarto simples com uma cama grande, ali conheci o banheiro, a privada e a água encanada. Confesso que fiquei contente com aquele luxo de ter água sem precisar descer até o rio para carregá-la em baldes pesados. Meu irmão ficaria radiante ao conhecer aquele invento estupendo.

Lavamos o rosto e descemos para jantar, o lugar era simples, mas superior a tudo que já havia visto. A comida que foi servida não me agradou, era muito diferente da que estava acostumada. Encantada com a luz das lâmpadas, com a mobília e as pessoas que conversavam distraídas, esqueci a fome.

Então, um garçom caminhou na direção de uma caixa suspensa na parede e seu vidro fumê misteriosamente ficou colorido. O homem pressionava um pedaço de alguma coisa e aquele vidro mudava de cor. Repentinamente pessoas começaram a dançar e cantar na tela. "Uau! " Minha cabeça estava confusa: "Como aquelas pessoas couberam naquela caixinha?" Provavelmente meu semblante absorto despertou a atenção dos que estavam em redor, as outras crianças do mesmo modo haviam parado de comer, estávamos arrebatados por aquela maravilhosa "caixa mágica", se fosse narrar essa história, absolutamente nenhum Tamang acreditaria em mim. Meus olhos estavam diante do inexplicável. Os homens que nos acompanhavam zombavam de nós, entre crises agudas de risos tentavam de forma rude nos explicar o que estava acontecendo.

Além das montanhas, um mundo novo a ser explorado. Minha vida inteira havia mudado drasticamente em poucas horas, cada passo dado após deixar minha família foram décadas de avanço no tempo. Foi como atravessar um portal na direção do futuro. Minha mente não conseguia acompanhar a velocidade dos meus olhos, aquele novo mundo a cada segundo se revelara intenso e demasiadamente imenso para uma menina Tamang de apenas 11 anos de idade. Em meio ao turbilhão das ideias e sonhos adormeci, não como quem deseja dormir, mas semelhante aquele que repentinamente apaga e quando desperta não tem certeza se realmente havia dormido de fato.

E foi assim que na tarde do outro dia despertei, os homens que nos acompanhavam nos acordaram, seus rostos estavam fechados, pareciam mal-humorados. Rapidamente levantamos e fomos conduzidos para outro hotel. Pelo pouco que consegui ouvir, percebi que havíamos sido denunciados a polícia talvez. Já no novo hotel ocupamos um quarto com duas camas de solteiro e um banheiro simples. Ganhamos sapatos e roupas novas, o que nos deixou muito felizes.

Já na madrugada fomos divididos em pares novamente, desse modo passaríamos despercebidos pela polícia. Fomos conduzidas para rodoviária.

O dia estava se erguendo discretamente e já nos movíamos acelerados pelas ruas ainda vazias de Kathmandu, foi a primeira vez que andei de ônibus, caso alguma barreira policial parasse o ônibus deveríamos mentir que estávamos indo encontrar nossos pais que nos aguardavam na Índia. A viagem foi muito cansativa, a estrada era péssima e o sacolejar me causava náuseas, minha cabeça estava mareada, vomitei muitas vezes. A viagem se estendeu por todo aquele dia.

Já estava anoitecendo quando o ônibus estacionou numa pequena estação rodoviária. Descemos em pares e caminhamos até uma pousada próxima. Exauridos da viagem abandonamos nossos corpos nas poltronas da recepção. Então uma senhora de meia idade se aproximou de nós e nos fez algumas perguntas. Queria saber se estávamos certos de nossa decisão, nos aconselhou a voltar para casa, finalmente afirmou que a vida na Índia não seria

53

nada fácil, mas não disse efetivamente qual tipo de trabalho nos aguardava.

Estávamos, tanto as meninas quanto os meninos, certos de nossa escolha. Então a mulher nos deixou e entrou numa sala com os homens que nos acompanhavam. Naquela pousada funcionava uma "agência" de trabalho. Curiosa, permaneci os observando, ela entregou para cada homem a quantia de 40 mil Rupias. Aqueles homens nos venderam àquela mulher.

Porém não percebi isso naquele momento. Em seguida, jantamos e descansamos por algumas horas. Ainda madrugada, a mulher nos despertou, sonolentos fomos conduzidos por dois homens até a rodoviária, juntos embarcamos com destino final à Índia.

Já em solo indiano, os homens que nos acompanhavam nos entregaram a outros dois, esses preferiam ser chamados como "tios". Nos levaram para um quartinho onde morava um casal com um menino que parecia ser indiano e uma menina nepalesa.

Não podíamos sair para nada. Quando o casal saía, fechavam a porta e quando alguém chegava na casa, eles nos escondiam debaixo da cama. A todo o instante eu chorava muito, clamando pela minha mãe. Eles dormiam na cama e nós tínhamos que dormir no chão frio, sem nada para nos proteger. Eles não nos deram cobertas e nem roupas de cama, assim, não conseguíamos dormir por causa das picadas dos mosquitos. Depois de oito dias, uma amiga da minha tia que estava morando na Índia, veio nos encontrar e prometeu nos ajudar.

Mas o tempo ia passando, a saudade me castigava com rigor, me sentia como se estivesse presa em um abismo. O casal não nos dava comida suficiente, eles brigavam todos os dias. Meu cabelo era longo, mas a mulher o cortou bem curto. Foram dias terríveis, dentro de um quarto pequenino... durante esse tempo eu consegui fazer um buraco em uma das paredes para pelo menos ver a luz do sol. Estávamos acostumadas com a liberdade do vilarejo, mas naqueles dias fomos confinadas em um pequeno quarto. Foi muito difícil para mim. Lembrando da minha mãe e de suas palavras, meus olhos começaram a se encher de lágrimas... oito dias ali foram como oito mil anos para mim, eu não conseguia respirar.

A mulher que nos vigiava entrou nervosa no quarto, nos entregou algumas roupas e disse para nos apressarmos, porque a polícia estava chegando para uma inspeção.

Ela nos levou para a rua, embarcamos num táxi e rodamos por muito tempo. Não comíamos o suficiente, estávamos fracas, quando se tem fome o tempo parece se estender caprichosamente.

Finalmente duas mulheres jovens vieram ao nosso encontro, a tia que nos acompanhava disse para obedecê-las. Seguimos a pé por ruas apertadas e fétidas. Estávamos em Sonagachi, um distrito da Zona Vermelha em Calcutá. Talvez o mais terrível lugar da terra para uma menina.

Na nova casa havia apenas um quartinho, que era dividido por várias meninas e uma família inteira. Toda mobília não passava de uma cama simples. Fui alojada em baixo da cama, naquela noite dormiram no quarto uma família de quatro pessoas e mais quatro meninas. Permanecemos lá por cinco dias. Ainda não sabíamos nada sobre nosso futuro, imaginávamos que estávamos aguardando uma oferta de emprego.

Foram dias difíceis, de muita saudade, porém diferente da primeira casa, pois éramos alimentadas regularmente e o casal nos tratava com educação. Passados os cinco dias, recebi uma visita incrível.

Duas tias minhas e uma prima que haviam vindo antes de mim para a Índia. Uma delas soube da minha chegada em Sonagachi e foi me visitar. Seu rosto não era mais familiar, seus olhos estavam opacos e sua voz rouca. Parecia um pouco doente, seus cabelos estavam curtos e suas roupas gastas.

Mesmo assim, foi uma agradável surpresa, um rosto conhecido. Ela parecia muito preocupada comigo, insistiu muito para que eu voltasse para o vilarejo. Discutimos, não permiti que ela interferisse.

56

Então sussurrou no meu ouvido que me levaria para um lugar melhor. Depois de alguns minutos de conversa minha tia, a menina

– que me acompanhava desde o vilarejo - e eu, embarcamos num riquixá, paramos em uma loja e compramos sapatos. Em seguida, encontramos um casal de amigos da minha tia.

Eles nos convidaram para ir até no apartamento deles, *no apartamento havia três quartos, dois banheiros e uma cozinha no topo do prédio. A casa tinha um empregado nepalês que limpava os quartos e cozinhava. O casal tinha um filho.*

Passamos a morar com eles, nós só tínhamos que comer (nos davam tudo o que gostávamos) e dormir. Tudo era feito pelo homem nepalês e ele recebia um salário para isso. Eles também mantiveram um professor para nos ensinar. Hoje sei que tudo o que eles nos deram "de graça" nesse apartamento seria pago depois, no trabalho. Não podíamos sair e minha tia nunca vinha me ver, ela apenas me telefonava, de vez em quando.

Ficamos por dez meses nesse apartamento, foi muito difícil ficar todo esse período presas nesse lugar, pois éramos crianças livres no vilarejo, acostumadas com o frescor do vento em nossas faces, muito diferente do forte calor que enfrentamos naquele momento. O casal costumava sair e nos deixavam sempre trancadas dentro do apartamento, não podíamos sequer olhar pela janela. Quando o homem nepalês saia, trancava a porta pelo lado de fora.

A nossa rotina diária era acordar, tomar banho, comer o café da manhã. Depois assistíamos TV e almoçávamos às onze da manhã, dormíamos por algumas horas. Quando acordávamos, assistíamos mais TV e brincávamos. Depois fazíamos um lanche às quatro da tarde e se o professor viesse, estudávamos por algumas horas. Então novamente assistíamos TV, jantávamos e íamos dormir.

Durante esses dez meses nós aprendemos a escrever algumas letras em inglês e um pouco de matemática. Crescemos e engordamos, mal sabíamos o porquê de tudo isso. Quando o professor nos perguntava para onde estávamos indo e por que estávamos lá, respondíamos o que tínhamos sido instruídas a responder, que estávamos naquele lugar para estudar para, então, voltar ao nosso vilarejo.

A vida seguia seu curso com certa normalidade, os dias passavam lentamente, havia fartura e conforto. Mesmo em meio a calmaria, a saudade me castigava, não apenas a mim, mas também a minha amiga – que me acompanhava desde o Nepal. Quando, escondida, espiava pela janela do apartamento, e por entre os prédios observava o horizonte, podia sentir no meu coração que as nuvens distantes se aproximavam movidas por ventos fortes, o relampejar anunciava que a tempestade seria longa, muito longa, mais longa do que jamais imaginaria poder suportar.

capítulo 05

Pó, batom e delineador

Ea tempestade veio, numa manhã qualquer, ao despertar senti minhas pernas molhadas. Minha amiga ainda dormia, havíamos completado 12 anos há poucas semanas. Sem coragem para olhar, levei minha mão às pernas e senti a pele úmida. Havia um pouco de sangue na minha mão.

Senti muito medo, comecei a chorar, minha amiga acordou assustada. O empregado da casa entrou rapidamente no quarto, mostrei a ele minha mão manchada de sangue. Seu semblante assustado se desfez: "Acalme-se, isso não é nada sério, vou chamar à senhora para explicar isso a vocês".

Como poderia não ser sério? Havia sangue nos lençóis! Ela então sorriu e disse: "Vocês não são mais crianças, isso acontecerá mensalmente daqui para frente. Significa que vocês estão se tornando mulheres adultas".

Curiosamente ficamos felizes, depois do susto, estávamos em paz. Poucos dias depois, minha amiga passou pela mesma situação. Logo, o casal que nos cuidava fez algumas ligações. Disseram para arrumarmos as nossas roupas e objetos, imaginávamos que finalmente iríamos trabalhar e em pouco tempo estaríamos matriculadas em uma escola. "Agora éramos mulheres!" Essa evidente falácia, nos parecia a mais pura verdade.

Naquela mesma tarde de céu cinza, após meses, saímos na rua, o calor havia dado uma trégua, corria uma leve brisa, embarcamos num táxi. A medida que o carro avançava a chuva ficava cada vez mais forte, tão forte que

61

as imagens da rua eram como mosaicos. Os vidros estavam embaçados, tentávamos conversar com a mulher que nos acompanhava, mas ela ignorava nossas perguntas. Sentíamos um misto de ansiedade e alegria, imaginávamos que nossa vida na Índia finalmente começaria. Não queríamos ser tratadas como crianças, sentíamos que agora seríamos respeitadas, pois erámos jovens mulheres.

***

A nova casa era ampla, muitos quartos, uma sala grande com um bar, muitos garçons, gerentes e mulheres mais velhas ralhando com um grande número de meninas. Fomos levadas até o alojamento, recebemos uma cama e alguns objetos de uso pessoal. Naquela noite nos deixaram descansar, disseram para conversarmos com as outras meninas, conhecer a casa e suas regras.

Porém as meninas não sorriam, nos tratavam com desprezo, algumas fumavam e consumiam bebidas alcoólicas. Não entendia o que realmente faríamos naquele lugar. Tudo estava confuso, mesmo assim, continuávamos com boas expectativas.

Dividimos a mesma cama naquela noite, minha amiga dormiu em seguida, mas eu não conseguia dormir, não podia parar de sonhar... Doce utopia, expectativas inocentes. Quando sonhamos acordados tudo o que imaginamos obedece a lógica do mundo que nós mesmos criamos, um lugar onde tudo é possível. Mesmo o mais inútil dos devaneios tem sua razão de ser quando sonhamos. Naquela noite em meio aos sonhos adormeci e quando despertei... despertei dentro de um pesadelo...

Os primeiros raios de sol acenderam o dia, e a casa foi despertando. Após o desjejum, uma tia simpática nos chamou até uma sala da casa, havia um grande espelho na parede, uma mesa com maquilagens. Ela então nos ensinou a maquilar: nos ensinou como passar o pó, o batom e o delineador.

Vestimos roupas novas, escovamos os dentes. Fomos liberadas para assistir televisão numa sala com poltronas e sofás, ali ficavam todas as meninas. A maior parte delas em silêncio. Não interagiam. Então o sino foi tocado. Todas nós levantamos e fomos para o salão, onde estava o bar, permanecemos perfiladas e de cabeça baixa, segundo as instruções da tia.

Alguns homens conversavam com um dos gerentes, eles riam, estavam bebendo um drink. Percebi que um deles me olhava, seus dentes amarelados estavam à mostra, seu sorriso mais parecia o rosnar dos cães. Meu coração acelerou, senti uma náusea, ele perguntou ao gerente qual era o meu nome, e ele disse: "Ela tem cara de Anjali."

Uma das meninas me segurou pela mão e me conduziu na direção do quarto. Entregou-me um diário - uma caderneta de anotações - uma bolsinha com contraceptivos e lençóis limpos. Mostrou a cama e estendeu uma cortina na porta do quartinho.

"Faça tudo como o cliente pedir, é melhor ficar em silêncio e não reclamar para não ser castigada. Na minha primeira vez, fechei os olhos e segurei firme na cama. Será rápido."

O que era bruma e incerteza se converteu rapidamente em realidade e medo. Finalmente entendia qual seria o trabalho, meu coração estava despedaçado, quis fugir, pedir socorro. Mas o medo me silenciou, vozes distantes, passos e risadas no corredor, os sons aumentavam de volume, o homem se aproximava.

Deitei na cama e fechei os olhos, minhas mãos se agarraram firmemente ao colchão, meus dentes estavam trincados e minha mente procurava fugir daquele lugar. Senti seu corpo deitar sobre o meu, estava sufocada, passava suas mãos pelo meu corpo, sua respiração ofegante me fazia recordar os porcos quando são alimentados. Meu corpo estava ferido, uma adaga perfurara minha carne, havia sangue sobre a cama. Meus olhos não podiam conter as lágrimas, minhas narinas estavam empesteadas pelo odor do suor, álcool e tabaco. Impregnada a minha mente a imagem do meu algoz de costas vestindo sua roupa, saindo ileso da cena do crime, deixando seu rastro de dor e desesperança, minha alma assassinada e esquecida naquela cama.

Tudo era silêncio, silêncio ensurdecedor.

Naquele dia quis morrer. Permaneci com os olhos fechados, chorando baixinho, queria encontrar meu pai. Desejei voltar para o vilarejo, desejei que a eternidade fosse uma noite aquecida pelo forno acesso na minha casa. Queria olhar na direção da mesa e adormecer com a imagem do meu pai estudando, fazendo anotações. Uma menina com um pai jamais passaria por aquilo.

Quis correr na direção do meu irmão. Contar pra minha mãe o mal que me haviam feito. Meu corpo estava sujo, minhas roupas rasgadas, meu ventre doía. Tudo ao redor era triste, o frio congelava minha alma. Minhas fantasias e sonhos haviam morrido com aquele golpe que transpassara meu corpo. Jamais voltaria a ser aquela menina inocente do vilarejo, quando deitei naquela cama tinha apenas 12 anos de idade, quando tornei a abrir meus olhos me sentia como uma anciã cansada da vida que deseja a morte como alivio imediato para todas as dores.

No meu coração havia muitos questionamentos, minha mente vagava em mágoas, a decepção transbordava pelos meus olhos e minha voz desapareceu em meio aos gritos sufocados no travesseiro. Jamais saberei quanto tempo durou, apenas lembro que ao abrir os olhos já era noite. Em seguida um dos gerentes me chamou, vesti minha roupa e recolhi os lençóis para voltar ao bar.

Na sala de espera as meninas estavam sentadas aguardando o balido do sino. Algumas delas descansavam, outras assistiam televisão indiferentes às minhas lágrimas, talvez, cansadas de chorar ou convencidas de que o sofrer era inútil. Todas sabiam que mais dia menos dia minhas lágrimas secariam. Procurei minha amiga dentre as garotas, ela representava tudo o que havia deixado para trás – talvez minha única família naqueles dias - mas não a encontrei.

Sentei numa das poltronas, abracei meus joelhos e escondi meu rosto, não queria olhar pra ninguém. Minha vergonha era maior do que o suportável. Minha mente ficava

65

repetindo que deveria morrer. Mas o sino voltou a tocar e todas as meninas se perfilaram para entrar no bar.

Fiquei bem quietinha, imaginei que me deixariam em paz. Mas a mesma menina que me levara para o quarto me tomou pela mão e a segui em silêncio.

No bar havia novos clientes, bebendo drinks, fumando e escolhendo suas vítimas. Em fila e olhando para o chão como sinal de submissão aguardávamos a escolha do cliente. "Anjali!" Foi o bastante para entender que novamente seria violentada.

A palavra "bordel" vem do Francês, que originalmente significava "cabana de madeira a beira do rio ou porto", "a margem" ou "antro de devassidão". Talvez esse último defina com mais exatidão o que vivíamos. Pela segunda vez no mesmo dia fui levada para o quarto, novamente...

As feridas no meu corpo ainda doíam muito, mesmo minhas lágrimas não intimidaram meu algoz, seu furor era mais forte que sua misericórdia, sua busca por prazer era mais forte que sua razão, seu corpo mais importante que o meu. Era tão intensa a dor que a luz dos meus olhos se apagou.

Quando acordei estava no quarto em que dormíamos, minha amiga chorava baixinho segurando minha mão... "Pensei que você fosse morrer, já faz muito tempo que você está dormindo..." Perguntei se com ela havia passado o mesmo que comigo. Sua resposta foi silêncio e lágrimas, que expunham a dor e a vergonha. Dor e vergonha eram como personas que se arraigaram a nossa essência.

Uma das tias da casa cuidou das nossas feridas, banhos de assento e emplastos anestésicos que tinham por objetivo reparar o corpo danificado para a próxima jornada. Remédios que aliviavam a carne ferida, mas não acalmavam a alma dilacerada, moída pela chibata da luxúria e lapidada pela ganância humana.

Naquele primeiro dia, meu corpo foi vendido a dois clientes, no segundo dia foram dez, depois dezesseis e até mais de vinte em certos dias. Naquele mês até que minha menstruação acontecesse, vivi como se morresse todos os dias, jamais saberei como sobrevivi.

Cliente após cliente. Fechava meus olhos, e podia sentir a brisa das montanhas tocando meu rosto, forçava meus ouvidos para ouvir a voz do meu pai. Onde estaria o meu pai? Ele certamente me defenderia. Quem poderá defender tantas meninas e meninos que, nesse exato momento, estão passando pelo mesmo pesadelo que passei? Quem poderá lhes estender a mão?

Os clientes reclamavam se não ficassem satisfeitos, nós não tínhamos condições físicas de lhes satisfazer, éramos apenas crianças franzinas. Logo, os gerentes nos castigavam com serviços de limpeza, nos agrediam com tapas e socos, gritavam conosco... Éramos escravos, crianças mortas, que já não possuíam mais o direito de infância e na maior parte dos casos jamais chegaríamos a ser adultos. Mesmo quem sobrevive e conquista a alforria permanece cativo do medo, sob os açoites dos traumas. Faces e corpos de adultos, mas alma e espírito reféns num cativeiro de realidade paralela entre a inocência e a eterna culpa.

Chorei muito nos primeiros dias, quis morrer, mas nem como morrer sabia. Sequer havia percebido que já havia morrido. Fui sucumbindo, aprendendo a me adequar ao trabalho. Jamais saberei como pude suportar tudo o que vivi.

Não podíamos mais descansar, acordávamos após poucas horas de sono e tínhamos que descer para o bar, estávamos sempre maquiladas e à disposição para o próximo cliente, não havia paz.

Em um único dia vendíamos nosso corpo para mais de vinte homens, de diversas nacionalidades, idades variadas e muitos ocupavam posições sociais de destaque. Mesmo a polícia que deveria nos proteger; os políticos; mesmo homens ocidentais vindos de sociedades avançadas. Alguns vinham para passar a noite, outros para passar alguns minutos e saciar sua sede maligna. Todos os dias muitas pessoas passavam pela casa, muitos iam e vinham dos mais variados lugares. Mas não se importavam, não percebiam minha dor, ignoravam minhas lágrimas, não nos viam como crianças, não éramos humanas como suas esposas e filhas... Éramos apenas objetos que lhes proporcionavam prazeres.

Nunca sabíamos quando era dia ou noite, não podíamos sair, não era permitido sequer olhar pela janela. Tudo o que queria era voltar no tempo, trocaria qualquer perspectiva de futuro por mais um dia nas montanhas. Correr livre, sentir o sol na pele, brincar com meu irmão. Queria ser criança novamente.

Adormecíamos sentadas, minha amiga e eu procurávamos permanecer juntas, não escondíamos nada uma da outra, sempre que um cliente nos dava doces ou dinheiro escondido, dividíamos. Olhar para ela me fazia lembrar o meu povo, os Tamang, recordávamos as cantigas dos festivais, nossos costumes e sonhávamos com a comida que nosso povo preparava para as festas.

Juntas fomos descobrindo o que agradava os gerentes, corríamos para fazer suas vontades, lavávamos suas roupas, servíamos bebidas a eles. Cuidávamos uma da outra, pois as outras meninas podiam ser muito malvadas conosco, os clientes sempre buscam as recém chegadas, as deixando sem muitos ganhos, o que implicava em severos castigos para todas elas.

O tempo foi passando, o inverno era rigoroso e estava muito distante de seu fim, minha alma estava congelada. Já estávamos naquele bordel há quase oito meses. Erámos muitas meninas, tantas que não podia contar, naquela época eram mais que os dedos de minhas mãos e pés. Mesmo assim, estávamos solitárias, sempre incapazes de nos aproximar. Sabotávamo-nos e brigávamos muito. Confiava apenas na minha amiga, uma irmã, um pouco de paz e calor em meio aos ventos frios.

Ventos frios que ainda que parecessem impossíveis piorarem, nos surpreendiam com mais violência e indiferença ao nosso clamor. Correntes malignas, que uivavam como matilhas de lobos impiedosos, sedentos por sangue, famintos por nossa carne tenra. A cada anoitecer erámos perseguidas, sofríamos ataques violentos, a matilha nos cercava, um por um os lobos atacavam, de tão

69

intensa a dor amortecia nossos sentidos, muitas vezes ao findar da noite éramos recolhidas por duas ou três meninas menos feridas e depositadas no leito na cruel expectativa da sobrevivência. Por desgraça, já com a luz que penetrava pelas janelas proibidas, descobríamos que ainda havia vida em nossos corpos. Descobríamos que nossa alma ainda insistia em viver.

capítulo 06

A febre

Anualmente milhares de turistas e aventureiros se reúnem aos pés do Everest para observar sua imponente e desafiadora existência.. Destes milhares algumas centenas decidem seguir em frente. Contratam guias, compram equipamentos, gastando em torno de 60 mil dólares, por aceitarem a provocação da montanha. O aventureiro Jorge Mallory, quando os jornalistas lhe questionaram sobre sua renitência, respondeu que queria subir o Everest porque: "Ele está lá". A última vez em que ele e seu companheiro de viagem foram vistos no ano de 1924, estavam a apenas 150 metros do cume do monte, em seguida, foram surpreendidos por uma tempestade. Apenas em meados do ano de 1999 foram encontrados por acaso. Alpinistas tropeçaram no corpo de Mallory na altura de 8 /290 metros. Ele estava deitado com os braços abertos como se abraçasse a montanha.

A face do céu, como meu povo a chama, se ergue suntuosa ao longo de seus 8850 metros, atingindo a estratosfera. O canto lamurioso dos ventos frios que podem chegar a 200 km, cujas temperaturas podem atingir -70º graus Celsius, é a última canção ouvida por dezenas de aventureiros que não respeitaram seus limites, que foram irremediavelmente encantados por seus devaneios. Obcecados pelo teto do mundo perderam a vida sem jamais pisar o tão esperado ponto máximo.

E aqueles que o venceram, que dominaram o indominável, num golpe de sorte, através de uma janela de piedade do mais impiedoso lugar da Terra, enfrentam derrotas morais inconfessáveis. Pois muitos no perseguir de seus sonhos abandonaram outros homens a sorte, cortaram a corda que os prendiam a amigos de longos anos, ignoraram os pedidos de socorro dos seus semelhantes.

Homens desesperados frente à face fria da morte, que despertam em meio a sua loucura e percebem que o sonho não passava de um pesadelo mortal. Suas almas famintas de afeto, seus corpos famintos de calor, se acomodam em posição fetal na expectativa de adormecer e saciar o cansaço extremo que os derrotou; anelando despertar em algum lugar quente, rever rostos conhecidos, sentir o calor de uma lareira e a língua queimar num trago afoito de chocolate quente. Mas tudo o que encontram é o beijo congelante da morte. E na próxima temporada outros homens iludidos, encantados pela montanha irão subir vigorosos e dispostos a perder tudo, mesmo a bondade, amor e até a vida, para alcançar o ponto mais alto da Terra.

A "febre do cume" entorpece os sentidos daqueles que se arriscam na busca do que milhões ao redor do mundo desejam, mas apenas centenas conseguiram ao longo de décadas de expedições. Muitas histórias sobre a montanha são contadas por homens e mulheres de variados lugares e sotaques, muitas delas trágicas. A montanha é o cemitério de um número incerto de sonhadores que sucumbiram na jornada máxima de sua existência, o alcançar de um lugar mais alto.

A maior parte dos desbravadores abandona sua utopia antes mesmo da metade do caminho, retornam satisfeitos com o simples tentar. Outros se encontram com a razão quando já não há forças suficientes para retornar. Esses contam com a sorte de um resgate ou a misericórdia dos que seguem vigorosos na busca por seu objetivo maior. Esses misericordiosos são a minoria, pois certamente o sonho do indivíduo sempre será mais importante que estender a mão para um necessitado.

Entretanto, esse não foi o caso de um casal brasileiro, que em duas ocasiões abandonaram seu sonho para resgatar outros sonhadores abandonados ao azar da morte. Paulo e Helena Coelho, em 1999 fizeram história ao abandonar a escalada da montanha para salvar o alpinista português João Garcia, e mais tarde repetiram o feito por outro desconhecido.

Enquanto meu corpo era escravizado, consumido e explorado por dezenas de homens diariamente. Enquanto minha alma descia às profundezas da depressão e da miséria humana. Enquanto eu esquecia o que era afeto, respeito e amor. Enquanto eu morria abandonada ao azar e morte me rondava pronta a encostar seus lábios frios nas maças do meu rosto. Enquanto isso, um brasileiro abria mão de seus sonhos e devaneios para ajudar meninas como eu, abandonadas na selvagem aventura de ser nascida mulher em uma sociedade que nos enxerga como bens de consumo.

Um corpo na sarjeta, envolto a lençóis manchados de sangue, montes e montes de lixo num beco de uma das cidades mais populosas do mundo. Milhares de pessoas deixavam suas pegadas nas ruas arenosas, muitas delas desviavam do cadáver, outros com um pequeno salto cruzavam por cima da fronteira do bom senso. Aqueles que se desviavam ou apenas cruzavam com desprezo pelo corpo, não se esquivavam apenas de um corpo, mas sim de séculos de história, de uma cultura opressora, de um mundo pensado para os homens e que nega qualquer direito às suas mulheres.

Naquela manhã, enquanto o serviço público de coleta de lixo não recolhia o que já não prestava ou que se tornara inútil, o corpo de uma menina com seus aproximados 13 anos de dor e sofrimento na escravidão sexual, uma garota sem valor, um ser humano menor, porque sua identidade genética por azar lhe brindou com o dano de nascer mulher, aguardava seu destino final num lixão.

Milhares agitavam aquelas ruas diariamente, mas bastou que um daqueles milhares mirasse com desolo o fado inenarrável daquele frágil corpo abandonado. A maldade tem muitas faces, se disfarça em muitas facetas, porém a bondade só tem uma face, e é o amor. Aquele homem de cabelos brancos e andar vacilante vinha há meses perseguindo Deus numa jornada espiritual, em busca de seu destino. Era um daqueles sujeitos que chegava ao ponto da existência no qual se busca um sentido para viver.

A mesma voz misteriosa que lhe guiara até a Índia voltava a se manifestar em seu interior, ali diante de seus olhos estava a mais terrível face do mal, a escravidão, a prostituição, a infância morta. Intrigado questionou a respeito do cadáver ao taxista que lhe aguardava, sua resposta foi a mais terrível de todas... "Este corpo não tem valor, é uma prostituta...".

Ora se alguém houvesse encontrado valor naquela menina, se apenas um dia antes de sua morte alguém lhe houvesse estendido a mão... Certamente estaria viva, poderia voltar a sorrir, desfrutar de uma vida normal, estudar, trabalhar, casar, ter filhos, talvez mudar o mundo... Para aquele ancião ocidental fora impossível evitar a comparação com suas três filhas, netas, sobrinhas e tantas crianças com as quais convivera e convivia.

Nossos destinos se cruzariam, anos mais tarde sua vida mudaria por completo a minha, minha vida e a vida de milhares de outras crianças teriam seus destinos alterados, e alterariam o destino daquele homem. O homem covarde é incapaz de ser gentil, a vida plena não poderá ser vivida por aqueles que se acovardam. A gentileza é oportunista, não passa de um reflexo nobre, elegante. Aquele que estende a mão ao que cai, que enxuga com seu lenço as lágrimas do que chora, que senta ao lado do que está malcheiroso, que defende o mais fraco, ele não salva o outro, mas salva a si mesmo. O que age sem ter por objetivo a recompensa, recompensado será.

Aquele homem no auge de sua vida, de sua carreira médica, distinto empresário, dono de um vasto patrimônio Aquele homem ainda era o mesmo menino que deixara tudo na adolescência para perseguir um sonho, agora não mais moço, já tinha seu vigor abalado pela idade, mas ainda perseguidor de um sonho. Por vezes o tal sonho, a inquietação fora confundido com a carreira médica, com as empresas, com bens materiais.

Em sua peregrinação pela gigante Índia, chegara a mais antiga cidade sobrevivente de dezenas de séculos, guerras, epidemias e do constante caos. Seus pés cansados de tanto caminhar, sua alma vazia de sentido insistia em continuar. Por muitos anos perseguira o cume de sua montanha particular, todo homem é desafiado por seu Everest. Agora desperto após a febre que lhe entorpecera os sentidos, percebia a fragilidade da vida, o quão trágica se tornará a existência humana.

O entorno não oferecia refúgio algum, o desolo era seu consolo, suas lágrimas – por muitos anos fontes secas – brotavam como se foram emanadas de uma nascente. Tudo o que possuía, todos os seus bens, sua família que aguardava seu retorno, tudo que seus braços haviam lutado para conquistar. Nada, absolutamente nada fazia sentido. A vida precisa de sentido, não são todos os homens que percebem isso, apenas homens cordiais percebem que a existência não pode ser vazia.

De fato se tratava de um homem cordial, dentro de si, houve uma implosão de conceitos, desejos e metas. A voz que lhe guiara em sua caminhada então bradou forte: "Vidas valem mais do que coisas". Sua vida estava irremediavelmente modificada.

Retornou para o hotel, permaneceu por horas numa oração silenciosa, queria entender o que sentia, buscava saber que atitude podia tomar. Para enfrentar um gigante não basta força, não basta dinheiro e mídia para derrotar a prostituição e exploração de crianças e mulheres, é preciso mais que isso. A prostituição é um mal cultural, o desapego familiar, a desvalorização da mulher, não é um simples resfriado social, pelo contrário, é uma epidemia feroz e impiedosa que tem dizimado milhares e milhares de pessoas ao longo dos séculos.

O herói da minha saga não é um homem jovem e forte, não é perfeito. Ele é apenas um homem de princípios, um daqueles sujeitos em extinção, incapaz de se calar diante da injustiça.

***

Um dia quis deixar de ser criança, fugir de um casamento precoce, queria ser dona do meu destino. Inocente acreditei na sorte, a oportunidade que batera a minha porta, como um lobo faminto que estende a mão para um cordeirinho órfão. Deixei que me levassem, fui incapaz de lutar, me entreguei ao azar. Sem piedade fui consumida, o que havia de melhor em mim foi roubado, dilacerado como que por ataque de um cão feroz.

Havia muitos indícios, hoje percebo como fui tola, tudo apontava para a desgraça, mas meus olhos se negaram a crer no que enxergavam. Nesse ponto ainda estou muito longe do resgate, não chegamos ao menos na metade do que vou contar a vocês.

capítulo 07 -

Doce amargo líquido do esquecimento

Ao nascer somos organicamente inacabados, dependentes das outras pessoas para sobreviver.

Nossos gestos impulsivos, contorções, espasmos e expressões emocionais como o choro ou o sorriso são nosso canal de comunicação com o entorno. A capacidade de comunicação, a interação, o pensamento crítico são elementos fundamentais da nossa condição humana.

Não sei ao certo quando deixei de resistir, vivi oito meses no primeiro bordel, os dias e as noites eram iguais. Não víamos a luz do sol, as janelas estavam sempre fechadas, até mesmo os suprimentos da casa eram recebidos através da porta dos fundos das instalações do prostíbulo.

Os clientes estrangeiros gostavam de bebidas importadas, cigarros, charutos e crianças. Parte deles nos presenteava com doces, gorjetas, algum elogio. Diferentemente dos asiáticos, os ocidentais gostam de fantasiar que há prazer na prostituição. É o modo como lidam com a própria consciência.

Sim, para eles uma menina de 12 anos de idade escolheu estar no bordel, ela sente prazer com o tipo de vida a qual é submetida. De fato, "esta é uma das profissões mais antigas do mundo", "um jeito prazeroso de levar a vida sob os lençóis". A criança não tem o direito de estudar, estar com os pais, brincar com os irmãos ou ter amigos. Vive anos sem ver a luz do sol, sendo consumida por doenças sexualmente transmissíveis, pelo HIV, hepatites, depressão, drogas e alcoolismo.

No princípio chorava muito, minhas lágrimas encharcavam o travesseiro, meu corpo doía, não havia tempo para sarar as feridas. Sentia muita saudade do vilarejo, sonhava com a minha casa, com as montanhas. Adormecia e, logo, me refugiava na minha montanha, corria junto ao meu irmão, nos sonhos meu pai ainda vivia, ele vinha me encontrar, prometia que vingaria a minha honra, que não descansaria até que os culpados fossem punidos. Ele me olhava nos olhos, meu coração se enchia de paz. Alguns sonhos se aproximam de tal modo da realidade que os sentidos são estimulados, podemos tocá-los.

Ao despertar sentia o gosto amargo da frustração, não era o ar das montanhas em minhas narinas, não era sobre a grama que meu corpo repousava, não era o calor do sol da primavera que me aquecia. O entorno era fétido, a penumbra densa, o ar carregado com cheiro de fumo e álcool. Pesadas correntes pregadas aos meus pés, aos pés de cada menina, nos impediam de sermos livres, normais.

Minha única amiga, companheira desde o princípio daquela jornada de desventuras – dividíamos a cama, os agrados recebidos, as gorjetas, segredos e o que nos restava de sonhos – pouco a pouco foi ficando distante. Não havia razão para interação entre as meninas, éramos como pequenas ilhas num oceano de águas escuras, estávamos próximas, dividíamos o mesmo espaço, apenas coexistíamos.

Numa noite qualquer, a casa estava cheia, havia muitos clientes, música alta, alguns dançavam, outros se afogavam na bebida, o pequeno sino foi chacoalhado, como cães adestrados nos pusemos em fila. Um dos clientes apontou em minha direção.

Caminhamos juntos até o quarto, deitei sobre a cama, fechei meus olhos, quando tornei a abri-los percebi que não chorava, que meu corpo não doía e que minha alma não agonizava. Levantei, recolhi os lençóis, limpei o quarto, fui até o banheiro e tomei um banho. Voltei e o homem sentado na cama me olhava. Baixei a cabeça e sorri, ele falava coisas das quais não me lembro, eu apenas sorria. Ele vagarosamente bebia uma dose de whisky, estendeu o copo como quem o oferece a um amigo. Olhei para a bebida não podia imaginar seu gosto, alguns clientes tomavam largos goles daquele líquido seguidos por espasmos faciais. Foi o que fiz, bebi tudo em apenas um gole, minha garganta pareceu estar em chamas, engasguei, tossi e tornei a beber. Bebi um pouco mais.

Já corria à tarde do outro dia quando acordei com muita dor de cabeça, confusa e com náuseas. Vacilante andei até o banheiro e bebi um pouco de água na pia, minha boca estava seca, minha saliva grossa. Percebi que lembrava muito pouco da noite anterior, que as memórias não eram doídas.

Mais tarde, já noite, era apenas o começo daquele turno, mas ao ser escolhida logo pedi ao cliente uma bebida. E ao próximo também, e assim passei a não perceber o tempo, a dor, a vida.

Certa manhã ao despertar, estava só na cama, procurei minha amiga no banheiro, no refeitório, na sala da casa. As outras meninas da casa me olhavam em silêncio. A tia que sempre cuidava dos ferimentos do nosso corpo, talvez pela primeira e única vez, com ternura passou a mão no meu rosto – aquele gesto aqueceu minha alma, um pouco de afeto – e disse: "Ela partiu...".

"*Como pode partir sem mim?*" Por quantas madrugadas aos cochichos planejamos nossa fuga? Guardávamos uma pequena quantia de rupias para voltar para casa. Reabriríamos a escola do meu pai, conheceríamos bons maridos, nossos filhos seriam amigos.

"*Por que ela partiu sem se despedir?*"

"*Talvez ela não tenha escolhido partir... Anjali a vida não é boa para nós mulheres, esse é o nosso Karma... Ela terá a sagrada chance de seguir sua evolução... Mais cedo ou mais tarde... todas trilharemos o caminho do sul... talvez suas obras fossem boas... quem sabe estará agora na morada dos deuses com seus antepassados...*"

"*NÃOOOOOO!*"

"*NÃOOOOOO!*"

"*NÃOOOOOO!*"

Seu corpo havia parado de respirar, perdera muito de seu sangue, prostitutas grávidas não são a preferência da clientela. Duas ou três noites antes de descobrir o álcool, numa das nossas últimas conversas, ela tinha uma dúvida: "*Anjali, como sabemos que há um bebê dentro de nós?*".

Eu não sabia a resposta, não sabíamos os riscos que corríamos, na casa não havia grávidas, não se falava sobre assunto nenhum conosco, quanto mais sobre os bebês. Decidimos perguntar a tia que nos cuidava, ela era "sábia", sempre nos dava as melhores respostas.

Mas esqueci da pergunta, esqueci o assunto, esqueci minha única amiga.

Esqueci.

Como esquecer? Como esquecer quem sempre está ao seu lado? Como?

***

Permaneci em silêncio por alguns dias, decidi que não falaria nem em pensamentos. Ao mesmo tempo em que sentia saudade, também sentia rancor, uma mágoa profunda contra minha amiga, contra minha própria existência, contra os deuses.

O inverno, a cada dia que passava se intensificava. Os ventos lamuriosos, os uivos das matilhas de lobos, as nevascas... Já não havia mais lenha para queimar, recordações que me fizessem animar a débil esperança, já não recordava o som da voz do meu irmão, os retratos do passado estavam manchados, havia sangue na minha montanha.

O horizonte distante estava escuro, nuvens negras e densas se revolviam, golpeavam como manadas assustadas, na direção da minha alma. Em vão corria, em vão chorava, em vão pedia socorro. Quem poderia me defender? Quem me estenderia à mão? Quem se arriscaria por uma menina inútil? Quem?

Lá estava, a porta da casa da minha mãe, a neve cobria tudo ao redor... No interior da casa o fogo acesso aquecia a todos, meus familiares comiam uma refeição quente. Eu assistia tudo pelo vidro da janela.

"MÃE!"

"MÃE!"

"MÃE!"

Era inútil, não podiam me ouvir. Já não recordavam de mim, meus pés estavam roxos, minhas mãos doíam, o vento frio apunhalava meu peito... E o ar não penetrava meus pulmões.

Encharcada em suor despertava, tornava a dormir, me esquivava do ataque dos lobos ferozes, corria, tropeçava e levantava para continuar correndo.

"Socorro!"

"Socorro!"

"Por favor, me ajudem."

A febre durou muitos dias, uma enfermeira foi chamada para me medicar. Não era meu corpo que estava enfermo, mas minha alma havia se afogado na tristeza. Não trabalhei por muitos dias, os gerentes estavam descontentes, não fosse meu bom rendimento anterior, certamente teriam me abandonado na sarjeta.

Recuperada, descobri que minha amiga havia morrido num procedimento rudimentar para provocar um aborto, seu corpo demasiadamente frágil não resistira. Sua breve vida havia se extinto na terra, agora repousa nos braços daquele que me visitava nos sonhos. Nosso resgatador.

O bordel estava diferente, o semblante dos gerentes não era bom, estavam cada dia mais zangados. Seus informantes policiais os haviam alertado sobre uma possível investida policial. Muitos homens permaneciam sempre vigiando a rua.

Decidiram mudar todas as crianças de casa, preferiram não arriscar a liberdade da qual gozavam, juntaram suas escravas, as contaram, ordenaram que fizéssemos uma trouxa de roupas... Uma por uma, em horários alternados deixamos a casa, um táxi nos aguardava próximo ao bordel e seguíamos na direção do novo endereço.

capítulo 08

Entre caixas e lençóis

Frente ao abismo, vertigens e o vento. Ventou forte, meus pés vacilaram. O abismo parecia não ter fim, queria logo encontrar o solo. Sentir o impacto forte esmagando meus ossos. Para morrer não basta querer, aquele que lança mão da própria vida, não o faz por sua simples decisão. Ao contrário do que pensamos não apenas o nascer tem sua data marcada, o morrer do mesmo modo está determinado. Não podemos acrescentar por forças ou habilidades próprias sequer um dia a nossa existência.

O bordel para o qual mudamos, por ironia, me fez sentir saudades do anterior. O lugar era menor, não havia camas para descansar, em toda a casa apenas um banheiro era permitido usarmos, tomávamos um banho a cada três dias devido à falta de água, não podíamos dormir por mais de duas horas seguidas, os lençóis eram lavados uma vez por semana, pagávamos os anticonceptivos e os preservativos, não havia hora certa para as refeições e aguardávamos pelos clientes na rua.

Acordava às 05h30min para estar no portão às 06h00min. Dàs 06h00 ás 23h59min ficávamos enfileiradas no portão da casa aguardando ser escolhida por algum cliente. Ao ser escolhida a menina não escondia sua satisfação, pois enquanto era abusada, podia descansar seu corpo maltratado por permanecer tantas horas de pé. Isso mesmo, não podíamos sentar, não podíamos nos afastar do portão ao menos para beber água. Tínhamos direito a uma refeição diária, as meninas que estavam impossibilitadas para o trabalho faziam a comida e os serviços gerais da casa.

89

Nossa porção diária era três bananas – ou um pedaço de pão

– acompanhadas por dois nacos de carne cozida. Comíamos ferozmente em pé, como filhotes de cães famintos abandonados ao azar.

Mal começava a clarear o dia e já descíamos para a calçada, as meninas menores – como eu – ficavam no limite da porta da casa com a calçada. Tínhamos que chamar atenção dos homens que passavam pela rua, o lugar era frequentado por muitos nepaleses, a maior parte das meninas eram minhas conterrâneas. Os homens que passavam proferiam indecências, sorriamos e fingíamos estar envergonhadas.

Diariamente centenas deles visitavam o bordel, num ritual antropofágico e impiedoso se alimentavam da nossa carne, bebiam nosso sangue, satisfaziam suas demências ao custo das nossas vidas. Minha vida estava mergulhada no silêncio, perdida num abismo de dor e escuridão.

Diferentemente do bordel anterior, este contava apenas com um gerente e três tias – essas mulheres mais velhas inúteis para a prostituição. Ele era um homem perverso, constantemente nos ameaçava, nos agredia com tapas e empurrões. Não cessava de nos advertir aos berros que iria nos entregar para a polícia, que ficaríamos presas, seriamos condenadas a muitos anos de prisão, jamais retornaríamos para nossas casas.

Quando a polícia se aproximava do bordel, rapidamente corríamos para o interior da casa, cada menina já possuía seu esconderijo. Minha estatura pequena facilitava muito esconderme, entre caixas e lençóis, sufocando devido ao calor intenso, lutando para acalmar a respiração ofegante até que o "perigo" fosse afastado.

A rotina de fome, medo e solidão pouco a pouco derrubava uma menina, em alguns meses no distrito de Sonagachi vi garotas adoecerem e morrerem em poucos dias. Sempre abatidas, sujas e maltrapilhas erámos como a escória dos marginalizados, seres desprezíveis, pouco atraentes que despertavam apenas homens pervertidos guiados por seus instintos malignos que se serviam de nossos corpos para aplacar a sede insaciável de sua luxúria.

Eles se aproximavam e perguntavam: *"Quanto se paga por 30 minutos?"*; ou *"Uma hora?"*; *"A noite inteira?"*. Respondia *"100 Rupias por meia hora"*; *"200 Rupias por uma hora"*; ou *"500 Rupias a noite inteira"*.

O quarto possuía várias camas de solteiro separadas em cubículos reservados por cortinas encardidas, o colchão úmido pelo suor dos corpos que nunca chegava a secar por completo era coberto por lençóis gastos que exalavam o odor ardido dos líquidos sexuais envelhecidos. As moscas pachorrentas se moviam com vagareza, em meio ao arquejar de um homem de meia idade, sudorético, de pele oleosa e cabelos emplastados, meu corpo se contorcia na busca de conforto para meus músculos cansados pela desnutrição e as muitas horas de pé.

Com sorte ganharia uma bebida, quem sabe um cigarro, ficaria por alguns minutos descansando meus ossos sobre a cama, minha mente vazia vagueava no vácuo, a completa ausência da matéria, perdida no tempo e no espaço, sem sonhos, sem saudades, sem dor, sem prazer, sem alegria. Apenas o palato a trabalhar a cada sorvo lento do destilado, na expectativa de prolongar o estado de inércia, a doce preguiça do corpo exausto, da mente apagada. Meu algoz avaliava meu corpo, reunindo suas forças para mais uma investida feroz contra minha carne infante habitada por uma alma morta, o arranhar da bebida na minha garganta, a fumaça exalada por minhas narinas provocava um leve lacrimejar nos meus olhos. Minhas unhas como garras afiadas presas as bordas da cama, contendo a agonia enquanto mais um desconhecido se servia de mim.

Recebido o valor acordado, sem despedidas, sem agradecimentos ele seguia seu rumo, o acompanhava com os olhos enquanto caminhava no breu na direção da porta de saída. Recolhia os lençóis usados pela quarta ou quinta vez seguida – agarrava a trouxa como se fosse um bebê, a repousava no chão por alguns instantes, mergulhava uma caneca dentro do galão de água, ensaboava um pedaço de esponja de uso comum e lavava meu corpo, passava um pano úmido em volta do pescoço, por debaixo dos braços. Vestia minha roupa, deixava os lençóis na lavandeira, descia para o portão do bordel. Aguardava o próximo.

A noite caia, as meninas que não estavam atendendo algum cliente noturno – algo que não era comum nesse prostibulo

– lavavam lençóis, organizavam a cozinha, serviam as tias e o gerente. Por volta das duas da madrugada, depois de prestar contas com nossas cadernetas em mãos, uma de nós era escolhida para aquecer a cama do homem mais perverso que conheci em toda minha vida.

Por duas horas apenas o som da televisão do quarto das tias era ouvido, rapidamente dormíamos. Ao findar dos 120 minutos erámos despertadas para nos preparar para mais uma jornada de trabalho.

Já íamos nos movendo na direção da calçada quando um menino entrou aos berros dentro da casa: *"Eles estão vindo, corram, eles estão vindo!"*. A polícia se aproximava para verificar uma denúncia, uma vez mais o contato policial havia avisado com minutos preciosos de antecedência a investida policial. Em duplas, uma menina mais velha e outra menor, fomos despachadas para a rua.

Saímos correndo, assombradas em meio à penumbra da manhã que pacientemente descortinava o céu limpo, o sol avermelhado no horizonte distante despontava vencendo a escuridão deste lado do globo, numa incessante corrida de gato e rato que perdura por milhares de anos. Corremos até que minhas pernas faltaram e despenquei na sarjeta aos prantos.

Minhas lágrimas enlamearam meu rosto empoeirado, minha cabeça doía fortemente. Senti muito medo de ser apanhada, ficar presa, não tornaria a ver meu irmão, respirar o ar da minha montanha. *"Anjali levante-se! Agora mesmo!"* *"Não posso mais correr, perdi minhas sandálias, minhas pernas estão doendo!"*.

Começamos a caminhar mais devagar, como lebres ofegantes, após o susto de serem perseguidas pelos cães, fomos avançando às ruas vazias. Lentamente a cidade despertava, os primeiros táxis passavam apressados, os mendigos se ajeitavam nas calçadas. Meninos cegos cantavam canções sacerdotais e os pássaros lhes acompanhavam em meio a suas cantorias descompassadas. Um cão sarnoso se espreguiçava livremente, dono de si, senhor do seu destino. Sim, erámos menos que cães sarnentos.

Uma cafeteria abriu suas portas, antes de partimos cada menina mais velha havia ganhado um dinheirinho para comer alguma coisa pela rua – a revista policial poderia se estender por todo o dia. Entramos na loja compramos dois chás e um bolinho para cada. Sentadas debaixo e uma árvore passamos a comer em silêncio.

As pombas foram atraídas pelas migalhas, o seu arrulhar constante marcado pelo compasso de seus passos impulsionados pelo movimento de suas cabeças tomaram minha atenção por completo. Com um cutucão minha companheira me trouxe a realidade: "Estou cansada Anjali... será que a morte dói?"

"Acho que dói, a morte da minha amiga ainda dói no meu peito" "Mas será que dói no peito dela?"

"Não sei."

"Do que ela morreu?"

"Me disseram que foi de tanto sangrar." "Uma hemorragia?"

"Não! Ela tinha um bebê na barriga, mas não podia ficar com

ele lá."

"Foi um aborto! Eu já fiz dois."

"Quantos anos você tem?" "Tenho quinze e você?"

"13!"

"Estou ficando muito velha para o trabalho, os clientes já não me querem mais, vou acabar como um desses mendigos comendo lixo, esmolando nos templos em troca de um bocado de arroz."

"Não diga isso! Você é bonita!"

"Não sou não! Queria conhecer o Ganges, abandonar meu corpo em suas águas, deixar o rio lavar minhas obras, me unir a ele para curar minha dor. Minha dor não terá cura em outro lugar".

"Não conheço o Ganges."

"É o lugar mais sagrado de toda a Índia, se você fosse Hindu saberia."

"A minha montanha tem um rio, ele tem águas geladas, quando íamos para a escola parávamos à sua margem, despíamos as roupas e atravessávamos com as roupas e os livros sobre a cabeça. Meu irmão passava suas coisas para a outra margem, depois retornava e com uma mão segurava minha bagagem e com a outra me ajudava a equilibrar meus passos sobre as pedras lisas. Meu irmão... como sinto sua falta, ele me protegeria...".

"Anjali não olhe agora! Disfarce é a polícia, estão vindo... Finja que não me conhece, que nos encontramos ao acaso, somos funcionárias de um salão de beleza, você tem 21 anos...".

Ela se afastou e me deixou só com a polícia, fiquei muito nervosa e eles perguntaram muitas coisas que não sabia como responder. Após alguns minutos, insistiram muito em saber de onde vinha, disse a eles que de "Sonagachi", era o único nome que me vinha a cabeça. Não podia falar do Nepal, embora hoje creia que eles perceberam que era estrangeira.

Os policias então ficaram nervosos e passaram a falar com a outra menina, ela gesticulava muito e eles cada vez mais aumentavam o tom da voz. Então ela lançou um olhar de desespero para mim e disse, *"Corra! Corra! Anjali corra!"*.

Saímos correndo em direções diferentes, as ruas já estavam agitadas, muitos vendedores já haviam armado suas tendas de comércio, as pessoas iam e vinham rapidamente. Perdemo-nos uma da outra por alguns minutos, por ser pequena logo me escondi e o policial que havia me perseguido parecia despistado, procurava olhando para várias direções sem ter certeza para que lado tivesse fugido.

Minha companheira logo me encontrou, saímos de braços dados na direção de um telefone público, ela fez uma ligação e logo subimos num taxi. Em meio ao

96

engarrafamento o táxi parou ao lado do jipe dos policias, não demorou para que um deles nos identificasse. Imploramos ao taxista que fugisse, dissemos que o nosso cafetão lhe daria uma boa recompensa. Escapamos uma vez mais.

Fomos até o lugar indicado no telefonema. Aguardava-nos uma tia gorda e de feições carrancudas, ela deu uma quantia de dinheiro ao taxista e disse para andarmos por mais umas duas horas e depois voltarmos ao bordel pela porta dos fundos. Meu estomago já estava reclamando de fome novamente e o sacolejar do carro me provocou náuseas. Minha companheira estava muito chateada comigo, me amaldiçoava, me chamava de burra, dizia que tinha posto tudo a perder.

Encostei meu rosto na porta do carro e chorei silenciosamente. Na ausência dos deuses do meu povo, pedi ajuda ao Ganges, não sabia bem quem era, mas não deixava de ser um deus. Lembrei-me da minha amiga morta, invejei seu estado atual, me perguntava o porquê de não ser eu em seu lugar. Rodamos, rodamos, finalmente chegamos.

Ao entrar na casa o gerente desferiu um golpe forte contra meu rosto, os ossos do dorso de sua mão abriram meu supercílio, o sangue quente correu pela minha face. As tias gritavam alto e escondiam o rosto com as mãos, preferiam não olhar meu castigo. Segurou meu cabelo com força e o cortou com uma faca, o deixou bem curtinho como se fosse de um menino. E novamente bateu no meu rosto, fiquei encolhida contra a parede enquanto ele gritava comigo, dizia que me mataria se fosse preso.

97

Ainda naquela madrugada, as meninas mais novas – como eu – foram levadas de volta ao nosso bordel de origem. Foram menos de 6 meses em Sonagachi, mas os vivi como se fossem a eternidade. Voltamos muito magras, cheias de ferimentos, algumas como eu, foram castigadas com o corte do cabelo. Meu rosto estava com roxões, meus lábios e sobrancelha cortados, mas estava feliz de voltar.

A tia que sempre nos cuidava passou remédio nos meus ferimentos, pôs uma liga nas minhas costelas que doíam muito, e ajeitou meu cabelo de um modo que não parecesse mais um menino. Naquela noite adormeci com ela acariciando minha cabeça e sussurrando uma velha canção Hindu.

Na semana seguinte o bordel mudou-se de endereço, fomos para um hotel mais amplo, distante do posto policial. Eram vários quartos individuais, quiosques, um pequeno mercado para atender as meninas, piscina e um bar grande. O lugar lembrava um vilarejo, algumas vezes na semana o jipe da polícia estacionava na entrada do hotel e o gerente principal lhes dava um envelope. Certa noite ouvi dizer que era a polícia recebendo sua parte do acordo.

A prostituição e a exploração do trabalho infantil contam com muitos facilitadores nos governos, setores públicos e na polícia. O trabalho dos cafetões seria muito mais difícil e arriscado sem a proteção policial.

A vida voltava ao normal, podíamos comer um pouco melhor, dormíamos mais horas seguidas, *novamente tudo a mesma coisa: os clientes iam continuamente e os gerentes nos chamavam para o hotel, brigavam se suas ordens não fossem cumpridas. O dono da casa aparecia às vezes para conferir tudo. Não podíamos sair, não era permitido sair com quem quer que fosse.*

Eu não recebia dinheiro algum para fazer o trabalho, todo o dinheiro era direcionado para o gerente. Mas, se os clientes gostassem de mim, às vezes me davam um dinheiro extra com o qual comprava as coisas que eu desejava, especialmente comida.

Com o passar do tempo, aquela vida se tornou um hábito para mim, estava me destruindo, dia após dia. Beber e fumar já era um hábito comum. Estava sendo destruída, eu já não era mais um ser humano, estava cansada de todos e do mundo.

Meu corpo estava adaptado ao frio, os ventos fortes já não penetravam meus ossos, nada mais me surpreendia, meus olhos já haviam visto mais maldade sobre a terra que o pior de seus pesadelos. Meus pés estavam de fato cansados demais para seguir em frente. Comecei a planejar minha fuga dessa vida. *"Como as pessoas morrem?"* Perguntava a tia, ela sempre respondia *"Você é jovem demais para pensar na morte"*. Não só pensava, mas a desejava.

As vezes ia ao pátio do hotel e ficava olhando as estrelas, queria muito conhecer cada uma delas, descobrir o que há por trás da cortina negra bordada com lantejoulas. Minha infância perdida, meu pai, mãe e irmão, tinha como certo jamais revê-los. Será que os deuses habitam as estrelas? As estrelas cadentes seriam suas carruagens de fogo?

"*Anjali a nós não é permitido sonhar*", dizia a tia enquanto cuidava dos meus cabelos. "*Sim, não é permitido sonhar, mas e se os sonhos é que sonham comigo?*" Respondia. Ela então balançava a cabeça negativamente e retrucava, "Um dia essa mania de fantasiar desaparece". Mas os sonhos sempre vinham, roubavam meu sono e me enchiam a alma de esperança durante as madrugadas. Todas as meninas dormiam, apenas o suspirar dos corpos cansados era ouvido em todo o alojamento, mas o meu coração acelerava e quando fechava os olhos para o mundo acordava na minha montanha, era livre, finalmente livre.

Os meus cabelos eram longos novamente, meu corpo não tinha feridas, minha alma brilhava como a luz do sol e meus olhos eram límpidos como o céu da primavera. Em meio as flores das ervas, dançava sob o olhar amoroso do meu pai e ele me dizia: "*Filha toda lágrima será enxugada, e não haverá mais morte, nem haverá mais pranto, nem lamento, nem dor; porque já as primeiras coisas são passadas. Você é a menina dos meu olhos...*"

capítulo 09

A Esperança Verde e Amarela

A esperança sorriu para mim, antes mesmo de haver nascido, ela olhou nos meus olhos e sorridente me disse: *"Levanta- te, meu amor, formosa minha, e vem. Porque eis que passou o inverno; a chuva cessou, e se foi; aparecem as flores na terra, o tempo de cantar chega, e a voz da rola ouve-se em nossa terra. A figueira já deu os seus figos verdes, e as vides em flor exalam o seu aroma; levanta-te, meu amor, formosa minha, e vem".*

Depois de olhar nos olhos da morte envolta em lençóis manchados de sangue, de digerir o intragável, o médico e pastor batista brasileiro em seu quarto de hotel, na cidade de Varanasi, escreveu muitas cartas para várias igrejas e organizações brasileiras. Nessas cartas ele relatava a triste realidade da escravidão sexual na Índia.

Suas estruturas estavam abaladas, como poderia seguir em frente? Como negligenciar o encargo que repousava sobre sua consciência? Em suas mensagens lamentava a vida a que muitas crianças eram submetidas e propunha um movimento da igreja cristã brasileira em favor da infância no continente asiático.

O desafio era muito maior que suas forças, era preciso mais do que recursos financeiros para lutar contra um gigante que se alimentava de uma cultura perversa, que impera ao longo dos séculos naquela região asiática.

Varanasi, uma das mais antigas cidades da terra ainda existente, a cidade sagrada, banhada pelo Ganges, animada por rituais que atraem centenas de milhares de turistas de todas as partes do globo, grandes aglomerações populacionais.... Muita miséria, toneladas de lixo espalhado pelas ruas, espessas camadas de pó cobrindo absolutamente tudo que possa estar exposto, o ar fétido e denso, céu gris – nuvens e mais nuvens oriundas do incenso e do fumo das cremações às margens do rio sagrado. Sim, um mundo absurdo, de contrastes que não agradam pela beleza, que não atraem pelo conforto, mas que de um modo místico fascinam, cativam os que dela se aproximam.

O peregrino brasileiro buscava ali, em seu reduto no quarto 301 do hotel, encontrar em sua fé o plano estratégico para lutar contra o maior desafio de toda sua vida. Em meio as lágrimas, escondeu sua face atrás de suas mãos e com todas as suas forças pediu perdão ao Criador pelas maldades de suas criaturas, e como quem desabafa, em choro ressentido balbuciou: *"Eu daria a minha vida para ver uma só dessas meninas recuperada, com Jesus no coração, cheia da vida de Deus, alegre e apresentá-la ao Senhor Jesus dizendo: Aqui está, Senhor, é tua noiva!"*.

Sua estada na Índia se aproximava do fim, precisava voltar ao ocidente, denunciar ao mundo os abusos contra a infância, recuperar o maior número de meninas possível, ainda que fosse apenas uma vida, seria uma vida salva da escravidão da prostituição. Não se tratava, ou trata-se, apenas de evangelizar – apresentar uma nova filosofia – não! Definitivamente, o que seu coração mais desejava era arrancar das mãos de homens perversos meninos e meninas escravas como eu fui.

Proporcionar aos que não tem esperanças a alegria de poder sonhar, conhecer as letras, somar e subtrair, escrever um livro, restaurar a escola fundada por seu pai no vilarejo em que nasceu. Devolver a meninos e meninas inúteis para a sociedade, abandonados ao azar, o direito da cidadania, de formar uma família, de ocupar posições importantes nas cidades em que vivem. Esse era seu desejo, seu sonho.

No ano de 1999, eu tinha apenas cinco anos de idade, ainda estava sob a proteção de meu falecido pai, contava com minha família, meu povo. Minha vida anos mais tarde seria devastada pelo destino, seria miseravelmente dilacerada até desesperar da vida. Mesmo assim, a providencia que me alcançaria já estava a caminho, minha salvação estava reservada desde muito antes do meu nascimento.

Antes de regressar ao Brasil, aquele homem – que viria a conhecer e admirar como um pai – passou por alguns países da Europa e pela América do Norte. Nesses lugares testemunhou suas experiências em solo asiático, revelou a muitos desavisados os gritos de socorro de milhares de crianças escravas.

Em sua mente estavam vivas as lembranças da menina indiana morta, das crianças abandonadas nas geladas ruas de Kathmandu

– meu país. Seu coração estava inundado de pesar, seu lamento se multiplicava e era compartilhado com cada coração nobre que encontrava pelo caminho de sua jornada. "Eis aqui tua noiva...".

105

Entendera finalmente o motivo pelo qual nascera, havia sentido em sua existência, sua vida estava alterada e centenas de vidas seriam do mesmo modo alteradas. Um movimento estava começando, havia voluntários, poderia comprar uma chácara, resgatar meninas e meninos vítimas da luxúria, de uma sociedade omissa e lhes proporcionar cursos profissionalizantes, uma nova vida.

capítulo 10

Nova Semente

O vento e suas tristes melodias, canções assoviadas por entre paredões de rochas que há milhares e milhares de anos sofrem a eterna agonia da imortalidade num mundo caído. O rio que nasce no alto da montanha, águas que lentamente contornam as rochas, sabiamente avançam. Abrindo caminhos pelo ermo, a cada distância vencida, a cada milha caminhada, mais forte e impetuoso. Seus caminhos, curvas e suas belas quedas conduzem vida aos aldeões, alegram os tristes corações Tamang.

Esses ventos, essas águas percorrem distâncias, atravessam fronteiras e chegam aos oceanos. Os imensos oceanos, mares e marés que pouco a pouco ao longo da nossa história foram sendo conquistados por viajantes, destemidos aventureiros que ousaram diminuir as fronteiras, que aproximaram os mundos. Mundo e mundos longínquos, distâncias que ocultam, que encobrem o sol.

A eterna partida, o eterno retorno... A Terra em seu eixo imaginário a girar, a roda da vida acelerada... Tempo e tempos, o rodeio dos ventos, a valsa eternal entre a efemeridade e a eternidade.

Meus soluços, gritos suprimidos no travesseiro, os gemidos da solidão que me degenerava a alma, foram levados pelos ventos, percorreram a terra, correram na direção do oceano pela corrente dos rios, se precipitaram como gotas de chuva, flocos de neve sobre a terra, navegaram os mares mais distantes, romperam a estratosfera, atingiram os céus.

Ele sempre ouve o órfão, seus ouvidos não estão surdos, Ele me ouviu. Seu socorro veio. Como saberia sobre Ele? Jamais fomos apresentados, mas Ele estava lá. Sim, sei que nos meus sonhos, quando buscava refúgio, Ele me abrigava nos seus braços de amor para que minha alma não sucumbisse ao frio que castigava a todos, o entorno era mortal, mas Ele estava lá com sua graça vivificadora.

Aproximadamente seis meses, após o meu retorno para o primeiro bordel, recebemos numa noite normal dois estrangeiros, norte-americanos. Todas as meninas estavam perfiladas, os gerentes nervosos – os americanos são generosos em seus pagamentos – apontavam para cada menina e expunham seus dotes, exibiam nossos corpos para agradar a clientela exigente.

Os minutos iam passando e os dois homens permaneciam indecisos quanto suas preferidas, se entreolhavam e conversavam com vagareza, mas não chegavam a decisão alguma. Cada vez mais nervosos os gerentes insistiam que suas garotas eram as melhores da Red Light Zone, que não encontrariam melhor opção em toda a Ásia. *"Temos meninas indianas, nepalesas ou bengalis...preço bom! Muito submissas"*.

O celular de um dos homens chamou e ele se afastou para falar, em poucos segundos dezenas de policias indianos e agentes de organizações ocidentais invadiram o hall do bordel. Ficamos tomadas por um medo mortal, algumas emudecidas pelo estarrecimento e outras a correr aos

110

berros pelo pavor que a figura de um policial nos causava, pensávamos que aquele era o nosso fim. Seríamos presas, não tínhamos documento algum, não lembrávamos ao menos nosso endereço.

Meu caso era terrível, meu corpo tremia compulsivamente pelo medo que me envolvia, os Tamang não possuem registro civil, não somos contados pelo governo, não temos outro sobrenome que não seja Tamang, somos milhares de aldeões espalhados pela cadeia do Himalaia sobrevivendo de acordo com nossos instintos, passados por gerações, e a sorte que não nos é muito favorável. Como poderia explicar para eles minha história? Como provar quem era sem ter um documento de identificação?

Com muito medo obedeci a todos os comandos dado pela polícia, sentamos no chão com nossas cabeças baixas. Todas as meninas choravam, sentíamos que erámos criminosas que ficaríamos presas por muitos anos, seríamos torturadas e jamais recuperaríamos o direito de rever nossas famílias.

Os traficantes investem muito tempo na doutrinação do medo, com suas mentiras repetidas exaustivamente. Conduzem-nos a acreditar que são pessoas boas, que estenderam a mão para nos ajudar num momento de dificuldade, que a vida sem eles será demasiadamente pior do que a que desfrutamos em sua companhia. Em nossas mentes o que estamos vivendo passa a ser normal, não imaginamos outro tipo de vida. Absolutamente tudo passa a ser nosso inevitável destino.

111

Éramos severamente castigadas quando respondíamos errado alguma questão feita por um estranho, o constante medo da polícia e das organizações internacionais gelava a alma pela simples hipótese de uma revista policial. Não havia a menor possibilidade de nos rendermos pacificamente, de nenhum modo colaboraríamos com as investigações. Jamais nos sentiríamos a vontade com qualquer agente do governo.

Os traficantes e as cafetinas ensaiavam conosco as respostas que deveríamos dar caso fossemos apanhadas por investigadores. Quase que diariamente éramos instruídas com métodos de prevenção para o que estávamos vivendo naquele momento.

Enquanto chorava muito, uma moça da Missão de Justiça se aproximou de mim e tentou limpar minhas lágrimas. Passariam muitos meses até que me desse por conta de como havia perdido o senso de humanidade, estava selvagem como um animalzinho que jamais havia feito contato com um humano. Muito brava não olhava em seu rosto, mas ela não me bateu, não me maltratou, sequer me respondeu. O sorriso em seu rosto permanecia inalterado, havia nela uma alegria que só experimentaria muitos meses após nosso primeiro encontro.

Ela insistia em falar comigo, "Seremos amigas, boas amigas!". Na minha mente refutava cada palavra, jamais me renderia, na primeira oportunidade escaparia. A moça continuou a tentar contato verbal com cada menina naquela noite, mas sem obter êxito.

Naquela noite apenas dois dos quatro gerentes foram apanhados pela polícia, todas as tias – mulheres mais velhas que servem aos gerentes e vigiam as meninas porque são velhas demais para o trabalho - foram liberadas após prestarem depoimento. Dezenove meninas de um total de trinta que estavam na casa naquele momento foram resgatadas. Onze fugiram.

Muito tristes fomos conduzidas ao micro-ônibus que nos aguardava. Não sei ao certo quanto tempo levamos para chegar a delegacia, mas o que tenho certeza é que cada minuto pareceu demorar muito. Minha mente vagueava na busca de uma saída, queria desaparecer, encontrar um modo de escapar.

Recordei minha montanha, o dia em que a deixei. Levantei meu rosto para olhar pela janela, relâmpagos clareavam o horizonte escuro. Queria muito acreditar que semelhantemente ao primeiro ônibus que enfrentei em minha vida, esse finalmente me conduziria para casa. Na minha mente pedi aos relâmpagos que contassem aos deuses como eu sonhava em rever a minha montanha. Como estaria o meu irmão? Será que sentia minha falta? Poderia ao menos me reconhecer.

Já não era a mesma menina que havia deixado sua casa na busca desatinada por uma vida melhor. Agora era alguma coisa incerta, perdida entre a infância e a decrepitude. Sim minha alma habitava um corpo infante, porém estava envelhecida, em meio a ruínas, prestes a sucumbir. Estava cansada da vida ou, talvez, cansada de respirar – já que não posso enunciar como vida o que vivi.

Naquele momento, abandonei meu corpo ao encosto da poltrona do carro, minha mente estava surda – o burburinho das meninas não me afetava – passei a ser apenas um corpo que preenchia um espaço vazio. O entorno não me afetava, os relâmpagos antes distantes, agora, estavam sobre nossas cabeças, fortes trovões prenunciavam a precipitação das águas. Adormeci.

Quando despertei estávamos presas em uma cela da delegacia, dezenove meninas se espremiam no pequeno espaço. Percebi que não era um pesadelo, muito pior que isso, era a realidade. Poucos minutos depois fomos conduzidas a sala da promotoria.

O promotor e seus auxiliares perguntaram nossos nomes e origem, de acordo com o que fomos instruídas, respondíamos mentiras para qualquer pergunta que nos fosse feita.

"Por que você estava trabalhando naquele lugar?" Perguntou a moça da Missão de Justiça.

"Minha família é muito pobre, preciso ajudar. Nem sempre tínhamos o que comer. Queria que minha família fosse como a sua, que pudessem me ajudar a estudar e arranjar um bom emprego. Onde mais poderia trabalhar sem estudo algum?" Respondi a ela.

"Vamos ajudar você a estudar e arranjar um bom emprego". Disse a moça.

Não pude conter o sorriso, senti um pouquinho de esperança. Mas, logo, voltei a ser grosseira, por muitos

114

meses me alimentei de falsas expectativas, meus sonhos foram roubados. Como confiaria novamente?

No dia seguinte eles bateram algumas fotos nossas, distribuíram toalhas, sabonetes e material de higiene bucal. Fomos levadas para um vestiário no qual pudemos nos banhar por um largo período de tempo. Após o banho fomos conduzidas para o refeitório, o desjejum foi muito farto, o mais farto do qual participara até aquele dia. Recebemos livros e revistas para passar o tempo, mas não sabíamos como usá-los.

Depois do almoço, fomos entrevistadas individualmente, a maior parte das nossas respostas eram mentiras absurdas, histórias desconexas, nosso tolo modo de se proteger. Ao final da entrevista cada menina recebeu uma barra de chocolate. Meus sentimentos queriam me trair, muitas dúvidas passavam pela minha mente. *"Alguém mau nos trataria tão bem?"*

Mais tarde recebemos lençóis e travesseiros limpos. Naquela noite dormiríamos numa espécie de albergue anexado a delegacia. O local era pequeno, mas agradável, fomos divididas em duplas para dividir as poucas camas daquele espaço. Antes de apagar a luz a moça da Missão de Justiça foi nos visitar, nos contou uma bela história sobre um Rei, sua noiva e seus filhos. Na sua despedida disse: *"Descansem esta noite, amanhã temos uma linda surpresa para vocês!"* Um largo sorriso adornava seu rosto, ela parecia muito confiável, embora meu senso de confiança fosse muito incerto.

Como dormir? Mais difícil ainda: Como descansar? Há quem consiga ter paz em meio ao caos?

Aquela era minha segunda noite após o resgate do bordel. Havia muito medo e as incertezas eram como monstros a devorar minhas entranhas. Fazia muitos meses que não deitava numa cama apenas para descansar. Sentia que a qualquer momento um dos gerentes ou uma das tias entrariam pela porta aos berros ordenando que levantássemos. *"Levantem suas preguiçosas! Os clientes estão esperando!"*

Sobre a porta do quarto havia uma lâmpada que permaneceu acessa, o lugar estava coberto pelo breu. Fechei os olhos e me concentrei em dormir. Mas o sono não vinha. "Uma surpresa..." Aquelas palavras reverberavam nas paredes do meu coração. Seria a esperança renascendo?

A menina que dividia a cama comigo rapidamente adormeceu, vez por outra tinha espasmos corporais, seus punhos se fechavam, emitia gemidos. Com o que estaria sonhando? Estaria revivendo o susto do resgate? Ou aquela pobre menina revivia nos sonhos as muitas noites nas quais era severamente abusada? Para algumas de nós, mesmo o dormir não oferecia descanso ou paz alguma, seguíamos sendo estupradas, nossas almas, nossos corpos ainda estavam algemados, presos aos nossos algozes.

Finalmente quando o sono parecia estar vencendo, ouvia-se um grito na penumbra, outra menina corria em meio aos sonhos, em sua mente disparava de seus perseguidores. Os gemidos eram como os uivos das

116

matilhas cansadas, ainda havia muita dor naquele quarto. O medo é uma persona, o medo estava ali.

Estava ali com suas grandes asas negras abertas, repousávamos sobre seu peito frio, sua respiração pesarosa liberava seu hálito de enxofre em nossas narinas. Seus dedos encaroçados acariciavam nossas cabeças, suas garras afiadas arranhavam nossos ventres. Na madrugada fria, nossos dentes rangiam de medo. Tudo era medo.

Na história que a moça da Missão de Justiça nos contara, havia um Rei bom, um guerreiro destemido, que amava e guardava cada criança ao redor do mundo. "Deixai os pequeninos vir a mim..." Disse Ele, seu Reino era nosso. Jamais havia conhecido um rei. Mas naquela noite com o coração cheio de medo o chamei, em silêncio, apenas com o meu coração o chamei.

E Ele veio, seu amor lançou fora todo medo. Adormeci.

Pela manhã fomos informadas que deixaríamos o albergue da delegacia, iriamos para um lar provisório. "Um lugar para recomeçar..." Depois de crer em tantas promessas falsas era-me custoso confiar, embora não me fora dado o direito de escolher.

Já no micro-ônibus da polícia seguimos na direção do lar provisório, ficamos em silêncio a maior parte da viagem, tínhamos medo de falar algo que nos prejudicasse. Mas a minha mente não era silenciável: "lar", mas o que seria isso? Que tipo de maldade é praticada nesse lugar? Seria possível algum tipo de humilhação pior do que as que já fomos submetidas?

Os minutos passavam, as paisagens iam mudando, pessoas desatentas seguiam seus caminhos, curvas, esquinas e mais esquinas... Que saudades da minha montanha, quem me dera numa dessas curvas vislumbrar o pico do mundo, lá é a minha casa. Decidi ficar atenta, caso o horizonte me revelasse à direção...

Certamente correria, correria até ter pés alados. Voaria alto, o mais alto que se pode ir, e mergulharia de sobre as nuvens para encontrar o meu irmão, para encontrar o meu povo. E o carro aos solavancos cruzou o grande portão do Sanlaap, despertei um pouco confusa – parecia estar me especializando em dormir sem perceber.

Fomos recebidas com uma festa, as meninas que residiam na casa nos abraçaram e cantaram uma canção que falava sobre esperança. Em seguida, nos apresentaram o lar. O lugar era amplo, possuía um lindo jardim com um lago ao centro, dois prédios e uma enfermaria para onde as pessoas doentes eram levadas para receber tratamento. Para encerrar o passeio pela casa fomos convidadas para uma refeição, bebemos chá e comemos fartamente.

Após a refeição fomos levadas a um pequeno auditório para uma breve palestra. A tia que fez a palestra nos mostrou muitas fotos de meninas doentes e apontou os riscos de vivermos em um prostíbulo. Disse ainda, que algumas de nós poderiam estar gravemente enfermas e que precisávamos fazer alguns exames médicos para iniciarmos o tratamento.

Começamos a perceber naquele momento quem eram os verdadeiros vilões, talvez a polícia, os agentes internacionais e a equipe do abrigo estavam de fato tentando nos ajudar. Tornaram a nos fazer muitas perguntas, dessa vez contei tudo o que sabia sem mentiras, mas algumas de nós ainda estavam receosas e não foram sinceras.

Eu jamais havia visto um médico ou uma enfermeira, os Tamang resolvem seus problemas de saúde de acordo com os conhecimentos dos curandeiros e anciões. Raramente tomamos algum remédio, por isso meu pai ainda jovem faleceu sem nenhuma ajuda.

Estávamos assustadas com a possibilidade de estarmos doentes, não percebíamos nossas debilidades físicas, a desnutrição e a febre que costumeiramente nos atacava eram parte de nós, a anormalidade tornara-se normal. A dor depois de muito doer deixa de ser dor, a subsistência torna-se a existência e assim sobrevivíamos. Erámos meninas abatidas pela desnutrição e pelas doenças que carregávamos em nossos corpos.

Após alguns hemogramas, radiografias e testes para verificar uma infinidade de males descobriram que algumas de nós tinham tuberculose, hepatites, inclusive HIV, e todas estávamos severamente anêmicas pela grave desnutrição a qual estávamos submetidas. Individualmente fomos atendidas por um médico e uma psicóloga que nos ajudaram a entender nossas doenças e explicaram o tratamento a que seríamos submetidas.

A exaustão que sentia era um sintoma da desnutrição e a febre constante era devido a guerra que meu organismo havia travado contra algumas bactérias que residiam em meu corpo. Após um longo tratamento com antibióticos e vitaminas fui recuperando o ânimo, dia após dia me sentia mais forte. E crescia o desejo de voltar para minha casa.

"Qual a distância entre Calcutá e Katmandu?" Perguntei a psicóloga que semanalmente conversava comigo.

"Quase mil quilômetros". Respondeu ela.

"Quantos dias de caminhada?" Tornei a perguntar.

"Quando chegar o momento certo, serão apenas algumas horas entre a viagem de avião e restante do percurso num táxi". Disse ela com um sorriso nos lábios.

"Está demorando muito! As vezes penso que estou sendo enganada e quando estiver saudável e confiante vou voltar ao bordel". Retruquei.

"A paciência é de fato uma virtude, você precisa aprender a esperar, os atalhos são repletos de armadilhas. Continuamos na próxima semana". E assim encerrou a conversa daquela semana.

Minha nova rotina era agradável, despertava as sete da manhã tomava banho e fazia o desjejum matinal, fazíamos exercícios físicos, em seguida, as meninas que podiam ir à escola embarcavam na van. As que estavam impedidas por problemas na documentação, grupo ao qual fazia parte, estudavam com professores particulares na biblioteca da Sanlaap.

Nesse tempo sentia uma forte frustração por não poder frequentar a escola regular, queria poder vestir o uniforme, prender meu cabelo com uma fita e abraçar os livros até o micro- ônibus. Os livros faziam-me lembrar de meu pai, aquela figura magra e bondosa que nas madrugadas frias estudava o máximo possível para ser um professor no nosso vilarejo. Como estaria a escola deixada pelo meu pai? Não importava o tempo que demorasse estava decida a retomar o sonho da minha família, cuidar da escola no meu vilarejo e ser uma professora.

Pouco a pouco reaprendíamos a sonhar, recuperávamos o amor próprio. Os voluntários da Missão de Justiça faziam com que me sentisse especial, sempre elogiavam as coisas que fazia. Nas aulas já estava conseguindo assinar meu nome, e havia avançado no estudo da Língua Inglesa e do Hindi. Já era capaz de fazer as operações básicas da matemática e quase toda semana lia um novo livro. O medo era apenas um visitante, já não habitava mais na minha alma. A esperança estava viva em meus olhos.

Minhas amigas e eu não queríamos mais voltar ao prostibulo, cuidávamos umas das outras e erámos incentivadas a permanecer unidas. A moça da Missão de Justiça cada dia mais se tornava uma amiga, contava a ela meus sonhos e sentia que podia confiar nela.

Participava de oficinas profissionalizantes, aprendemos a costurar, bordar, cozinhar e praticávamos esportes. Os dias passavam sem serem percebidos, todas as estações daquele ano foram como um verão feliz e repleto de boas lembranças.

Tive a esperança de uma nova vida, bem diferente da que tivera antes. Comecei a aprender as regras deum mundo novo. Comecei a sonhar que poderia ajudar não apenas a minha família, mas todo o meu vilarejo, levar a eles aquilo que havia recebido. Naquele momento uma mudança verdadeira começou em meu interior, era como uma nova semente sendo plantada, crescendo em fé e esperança. Minha vida estava começando novamente.

Pela primeira vez tive um sonho, que era o de voltar para o vilarejo e contar para todos que há garotas na Índia vendendo o corpo, e também que há muitas organizações e pessoas que se dedicam a ajudar os pobres. Precisavam saber que se fossem para a Índia, teriam muitas doenças e morreriam logo. Que deveriam ficam de pé dia e noite à espera de clientes, sem poder sair de casa, e as garotas pequenas deveriam tomar remédios para encorparem e crescerem logo.

O inverno não é eterno. Suas tristes melodias, as velhas canções de lamento cedo ou tarde silenciam, as nuvens grises se dissipam, o sol, antes distante e impotente, se revigora. Aquece o corpo, aquece a alma.

capítulo 11

Os Lobos

Os lobos são superpredadores, em seu estado natural não possuem adversários fortes o suficiente para detê-los.

As alcateias dependem apenas dos próprios esforços para se expandirem. Já os cordeiros são frágeis, enxergam pouco, precisam de pastagens e águas límpidas para sobreviver. Eles são dependentes de alguém que os tenha sob sua tutela.

O lobo alfa guia sua matilha, observa o entorno, organiza os betas em pequenos grupos de ataque e na retaguarda os lobos ômegas – aqueles mais frágeis – estão atentos a presa que consiga escapar dos primeiros pelotões.

Os cordeiros aos pés do monte pastam distraídos, alguns às cabeçadas se enfrentam infantilmente, seus olhos não percorrem as distâncias, seu corpo pesado e suas patas debilmente articuladas não lhe permitem a velocidade, em seu trotar paciente ou no simples caminhar passam seus dias desapercebidamente. Dias de sossego, manhãs frescas de brisa suave, tardes quentes e noites frias abrigados no celeiro. Que paz naqueles campos.

Alcateias famintas, uivos distantes, a fome, o desejo por sangue. A tranquila manhã de sol, repentinamente é tingida de purpura, o sangue que corre por entre as mandíbulas afiadas. O rebanho se espalha, as mães choram baixinho, os cordeirinhos que antes corriam e se

125

enfrentavam no ensaiar da vida adulta, foram levados e jamais tornarão a serem vistos.

Alguns dias eram demasiadamente felizes, outros profundamente tristes. Durante a jornada diária muitas atividades ocupavam meu tempo, as horas eram vencidas sem grandes esforços. Porém as noites eram demasiadamente longas. É nas madrugadas que os velhos fantasmas acordam e voltam a assombrar os que insistem em dormir, que inadvertidamente os ignoram. Eles não se cansam, são pacientes, conhecem o entorno da alma, conhecem cada fenda de um coração ferido e penetram- no para instaurar o terror, o medo. Era apenas fechar os olhos e se iniciava o jogo de perseguição fuga, correr, correr e correr e no final das contas sempre era apanhada. Despertava então com o corpo molhado de suor e com os olhos derramando o medo sobre as maças do meu rosto.

As algemas podem ser rompidas em suas mãos, mas romper com os grilhões da alma não é algo fácil. Mesmo livre era escrava, ainda que meu corpo não fosse mais violentado minha alma estava sendo devorada pelos lobos que habitavam minhas recordações.

Tinha medo de cruzar os portões do Sanlaap, mas quando era obrigada pelas circunstâncias ou pela necessidade a cruzar a fronteira do bem e do mal, jamais olhava nos olhos de qualquer pessoa que fosse. Seguia o caminho olhando para o chão, sempre receosa de ser reconhecida e recapturada. Quando esbarravam em mim, ou chamavam minha atenção para vender algo, me encolhia e segurava firme a mão da pessoa que estava me acompanhando. Na minha mente estava decidida, caso fosse reconhecida, fugiria e se preciso fosse me lançaria na frente de um carro, pois a morte era um ganho imenso diante da possibilidade de ser escrava novamente. Quando retornava para casa, sobretudo ao dormir, era atormentada por pesadelos sem fim.

Jamais imaginaria reencontrar os traficantes, cafetões (os gerentes dos bordéis) ou qualquer uma das tias com quem convivi por todos aqueles intermináveis meses. Meus planos eram organizar minha documentação e voltar ao Nepal para trabalhar, estudar e reconstruir a escola do meu pai.

Mas numa tarde tranquila enquanto bordava sob a sombra de um jasmim florido, uma viatura policial se aproximou do portão. Confesso que ainda ficava nervosa com a presença dos policiais. Eles estacionaram seu jipe, e seguiram com alguns envelopes nas mãos na direção do escritório do Sanlaap. Poucos minutos depois uma voluntária veio me chamar para ir até a sala da psicóloga.

"Anjali este é um momento crítico, mas fundamental para fazer justiça. Os cafetões e traficantes precisam ser punidos e isso apenas será possível com sua colaboração" Disse a psicóloga.

"Mas tenho muito medo de reencontrar com eles, e se forem inocentados? Virão atrás de mim! Serei recapturada, jamais voltarei a ver minha família." Retruquei.

Após uma longa conversa fui convencida da importância de testemunhar contra meus raptores. Seria este o melhor modo de se fazer justiça não apenas a mim, mas a minha amiga morta, cada menina que conheci no bordel e, também, meu testemunho evitaria que aqueles homens recrutassem e explorassem outras meninas. Em poucos dias estaria diante da alcateia de lobos que roubara minha infância e matara meus sonhos.

Foram dias de muita ansiedade, hora após hora ensaiava meu testemunho, recriava os episódios vividos nos bordéis, as agressões e todo tipo de humilhação vivida. Algo inédito estava para acontecer, o cordeiro iria ferir o lobo. Já não era mais uma menina solitária, havia muitas pessoas que estavam lutando ao meu lado nessa batalha.

Finalmente, o grande dia chegara. Naquela manhã não despertei, pois sequer dormi. Apenas bebi um pouco de chá, minha garganta parecia fechada para engolir, minhas mãos estavam tremulas, sentia muito medo. Mesmo assim, embarquei no micro- ônibus juntamente com outras oito garotas e os representantes da Sanlaap e da Missão de Justiça.

A audiência começou com alguns minutos de atraso, fomos chamadas individualmente à sala do julgamento. A primeira menina ao retornar do gabinete do julgamento para sala em que aguardávamos ser chamadas, chorava copiosamente. *"Eles estão lá, todos eles... Contei tudo o que sabia, não ocultei nada... Jamais tornarão a me tocar!"* Repetidas vezes, entre soluços e lágrimas, desabafava.

"Anjali Tamang!" Estremeci, senti vontade de correr, fugir para bem longe daquele tribunal. Minhas pernas

avançavam e minha alma recuava. Olhando fixo para o chão entrei na presença do juiz, promotores, advogados de defesa, réus, júri e certo número de pessoas que assistiam ao julgamento. *"Anjali!"* Aquela era uma voz conhecida em meio a muitos desconhecidos, levantei meus olhos e não podia crer no que enxergava: era minha tia, irmã do meu falecido pai.

Ela parecia ter envelhecido muito no decorrer desses quase três anos em que não nos víamos, olhar para o seu rosto – ainda que marcado pelo sofrimento – me fez remontar memórias, recordações de quem eu era. Olhar para minha tia era ver o meu povo, podia sentir o perfume da minha montanha. Queria pular nos seus braços, lhe falar o quanto me arrependia de não a ter escutado, queria que soubesse como sentia saudades.

Meus olhos derramavam a saudade pelas maçãs do meu rosto, cada lágrima era como gotas de uma viva esperança. Ali estava meu passado diante de mim, uma nova oportunidade de seguir em frente, de voltar para o meu irmão, de correr livremente, de colher as flores das ervas.

"Está é sua sobrinha?" Perguntou o promotor.

"Sim." Respondeu minha tia.

"Você pode afirmar a data do seu desaparecimento?"

Os traficantes jamais haviam levado dinheiro algum para minha família. Não haviam recebido sequer uma Rupia desde o dia em que os deixei. Aquele punhado de Rupias que os irmãos do meu padrasto haviam recebido foi o único pagamento que receberam. Os gerentes mentiam, eles sempre separavam parte dos nossos rendimentos diários com a promessa de enviá-los a nossas famílias.

"Pensávamos que ela havia morrido, sentimos sua falta. Ela é a única filha do meu falecido irmão. Sentimos muito por não tê- la protegido." Minha tia chorava muito enquanto respondia às perguntas da promotoria.

Não pude resistir a emoção, queria abraçá-la. Queria seu perdão, muitas meninas não são aceitas ao retornarem para casa, a Sanlaap cuidava de dezenas de meninas que foram repudiadas por seus pais e familiares. Mas se eu pudesse ficar a sós com minha tia, de joelhos pediria a ela que me recebesse, que me aceitasse uma vez mais.

"Anjali, você está se sentindo bem?" Perguntou o promotor.

"Não, acho que vou vomitar... Preciso de um pouco de água..." Respondi.

O juiz fez um recesso de trinta minutos para que pudesse acalmar minha ansiedade.

Fui levada para uma sala com algumas poltronas. Em seguida, minha tia foi me fazer companhia. Abraçamo-nos por um longo período de tempo, queria lhe pedir perdão, mas minha garganta estava fechada. Meu peito parecia rasgar-se de dor, o ar não transpassava a angustia que bloqueava a minha traqueia.

Ela segurava meu rosto com suas mãos e beijava minha face, suas lágrimas se confundiam com as minhas. Erámos como dois afluentes de um mesmo rio que se encontram depois de muitas milhas nas quais caminharam separados. As águas que desciam pelo meu rosto eram volumosas e impetuosas, o caminho percorrido por elas era cheio de pedras, entulhos, escuridão e dor. Minha alma era como uma caverna fria e escura de águas congelantes, que esconde galerias intocáveis. Do mesmo modo minha tia vinha de muitos sofrimentos, sua vida jamais fora fácil, casamento arranjado, muitos filhos, muito trabalho, fome, frio e nenhum amor.

Nossas lágrimas ao se encontrarem, uniam nossas mágoas, dores e sofrimentos. Eram as águas que nós mulheres Tamang carregamos sem poder despejá-las há centenas de anos, éramos as vozes silenciadas de um gênero menor, de pouco valor afetivo, útil apenas para o trabalho e a satisfação da carne. Mulheres sem voz, de infâncias roubadas e inocência dilacerada, reféns de uma cultura opressora que se perpetua geração após geração.

Não havia o que ser perdoado, nada a ser confessado. Apenas havia lágrimas de saudade, de dor, de incerteza com relação ao futuro, mas também de esperança, pois a vida renasce a cada reencontro, pois juntas poderíamos ir mais longe. As suas lágrimas gritavam aos ouvidos da minha alma: *"Você não está só!"*

Retornei ao tribunal de cabeça erguida, caminhando com firmeza, olhei cada um dos meus algozes nos olhos. *"Sim reconheço cada um destes homens!"* Testemunhei seus crimes contra minha pessoa e contra as outras garotas que não tiveram a oportunidade de se defender. Minhas amigas e eu testemunhamos frente ao tribunal.

Nós os colocamos na prisão.

Os traficantes diziam que podíamos comprar roupas novas, mas a verdade é que não ficávamos com o dinheiro que era ganho ao vender o nosso corpo. Tínhamos de dormir com diferentes tipos de pessoas, não podíamos expressar nossos desejos, não podíamos fazer nada o que queríamos. Eu gostaria de dizer todas essas coisas à minha família, às garotas e todas as pessoas do meu vilarejo. Eu queria falar sobre todo o sofrimento que passei no prostíbulo, queria compartilhar todos os acontecimentos da minha vida. Há muitas pessoas que ajudam os pobres, nem todos os policiais são maus. Queria poder abrir os olhos das pessoas do meu vilarejo que viam todas essas coisas, mas que eram insensíveis, indiferentes, sem qualquer sentimento.

No findar daquela manhã fomos levadas para um almoço com os nossos parentes que haviam sido localizados. Minha tia disse que minha mãe chorava muito, sentia saudades de mim e que estava doente.

Contou-me que meu irmão já não era apenas um menino, ele havia se casado com uma de nossas vizinhas. Naquele momento senti um profundo desejo de retornar ao vilarejo, queria rever meus parentes, conhecer minha cunhada. Precisava olhar nos olhos do meu irmão e contar a ele a falta que sentia de sua companhia, como desejava voltar no tempo. Meus avós paternos ainda estavam vivos, meu avô estava muito abalado com a morte de uma de suas filhas, uma das minhas tias havia despencado de um precipício em meio a uma tempestade quando voltava da lavoura.

No final da tarde nos despedimos, minha tia voltaria para nossa montanha no Nepal, contaria aos meus familiares que estava saudável e que apenas aguardava o final do processo para retornar. Quando nos despedimos chorei um pouco por alegria e outro pouco por tristeza, estava feliz por ter reavido a esperança de retornar para casa e triste porque poderia demorar mais alguns meses.

Meu caso no tribunal estava tramitando. Já havia se passado quase dois anos no abrigo Sanlaap, costumava estudar o tempo todo, não ia à escola, mas havia três professores que iam nos ensinar no abrigo. Eu gostava muito de estudar. Quando finalmente minha peregrinação chegasse ao fim seria uma professora e poderia realizar o sonho do meu pai.

capítulo 12

O Pequeno Pássaro

Ovelho relógio de corda, contava o tempo em segundos, minutos e horas. Repousava na parede da sala de leitura, silencioso, discreto apenas observava os que se acomodavam para ler. Nós, as meninas do lar Sanlaap, virávamos as páginas de um romance, de um livro de história ou gramática. Ele, o ancião que fiscalizava o tempo, folheava os dias, virava as páginas da minha vida.

O Senhor dos dias possuidor de uma força indomável, capaz de fazer girar a Terra para esconder a face oriental do sol, que chama as estrelas pelo nome e acende a lua para iluminar as noites... soprou os ventos, fez os jardins florescerem, o calor queimar a grama, as brisas despirem os plátanos e os ventos frios assoviarem por entre as favelas de Calcutá. Vira o moinho, mudam os ventos, passam os dias, findam-se os meses e passam os anos.

E por dois anos e alguns dias minha casa foi o lar Sanlaap, minha família os voluntários da Missão de Justiça e as meninas que dividiam o grande quarto comigo. A luta, antes apenas minha, agora de todas nós. A esperança, antes mortificada, estava viva nos meus olhos, os sonhos pouco a pouco voltavam a brotar em uma terra árida. Não mais sobrevivia, agora tornara a viver, poderia seguir em frente. Ainda havia muitas perguntas, poucas respostas, mesmo assim um ardente desejo de saber, conhecer, sim, aprender.

Deixara outra montanha para trás? Ao me despedir das tias e tios da Sanlaap e da IJM, das muitas meninas que lá permaneceram percebi que o conceito de "lar", naquele momento, tornara-se mais amplo, que a minha montanha não era um espaço geográfico, mas as pessoas que me amavam. Meu coração ansioso estava pelo retorno ao Himalaia desde o dia em que parti, mesmo assim, o meu desejo mais íntimo era levar todas aquelas pessoas para onde fosse. E nesse momento, enquanto escrevo, percebo que as carrego comigo.

Voltei ao grande quarto, em pares as meninas escovavam os cabelos, entre risos, cochichos e brincadeiras seguiam o ritual de todas as noites, em pouco mais de meia hora a luz seria apagada e todas nós teríamos de fazer silêncio para descansar. Poucas horas antes, havia recebido um mil e quinhentos Rupias para comprar algumas roupas e uma mala para viajar.

Dobrei e redobrei peça por peça, sobre minha cama estava tudo o que possuía. Quase quatro anos antes havia chegado à Índia, com apenas onze anos de idade, a roupa do corpo e a alma carregada de sonhos. Agora retornava para minha terra, sem haver realizado nenhum daqueles antigos sonhos, sem a inocência de antes. Curiosamente, esperançosa, minha alma renitente e sua eterna capacidade de sobrecarregar-se de sonhos.

Fechei minha mala, descobri a cama, descalcei as sandálias e sentei sobre a cama. Ao impulsionar meu corpo para deitar, percorri o quarto com meus olhos, era minha última noite no lar. Demorei a vista sobre cada rosto naquele quarto, minhas doces irmãs, mesmo as mais terríveis maldades do mundo não foram suficientemente fortes para apagar o sorriso dos seus rostos. Tentei dizer algumas palavras, mas já era hora de apagar a luz. A menina responsável por essa tarefa naquela noite caminhava na direção do interruptor, e meus olhos já derramavam as quentes gotas da saudade. "Boa noite Anjali", "Boa noite" e por alguns minutos no escuro se podia ouvir o quase infindável ritual do "boa noite" ao apagar das luzes. "Boa noite", apenas isso, não disse nada mais. Minha emoção era demasiada para um discurso mais longo, minha garganta estava travada. Apenas "boa noite", a vida e as histórias de cada menina naquele lugar me inspiram a escrever, falar sobre o grito que não é apenas meu, da luta de todas nós, dar voz àquelas que foram emudecidas pela tirania do homem.

Pela manhã, ainda madrugada, onze de nós fomos despertadas por uma voluntária da Missão de Justiça. Caminhamos silenciosamente em meio ao breu, vestimos nossas roupas e bebemos um pouco de chá com biscoitos.

"Esqueci de estender minha cama!" Falei à tia.

"Anjali, não se preocupe uma de suas irmãs fará isso por você. Não tenha medo! " Respondeu.

Sim, estava com medo, meus passos eram vacilantes, pois estava trilhando um caminho incerto. Ser guiada, fiar a confiança não me havia sido em nada útil no passado, e mesmo naquele momento após dois anos de convivência, confesso, sentia muita dificuldade em confiar. Apenas um presságio de que o futuro seria melhor que o presente me fazia desprender os pés do chão e seguir em frente.

O sol já estava sentado em sua poltrona no centro do céu e o micro-ônibus avançava pelas confusas ruas de Calcutá, fomos direto a embaixada do Nepal. Na sala de espera havia um lindo quadro da cadeia do Himalaia, sobre ele a frase "Bem-vindo ao Nepal". A tia nos explicara que naquele momento estávamos em solo nepalês, ou seja, estávamos em casa. Após alguns minutos de confusão compreendemos a função de uma embaixada.

De certo modo, saber que estava sobre solo nepalês me encheu de alegria, mesmo as muitas horas de espera para ser entrevistada pelos secretários do consulado não me molestava. Estava novamente sobre a minha montanha, mal podia conter a expectativa de rever meu irmão, ser apresentada a sua esposa, abraçar minha mãe e conhecer meus novos irmãozinhos. Já fazia quatorze meses que não recebia notícia alguma deles, meu avô e sua saúde frágil – estaria ele ainda me esperando? Minha mente avaliava todas essas questões, e as horas corriam.

Já passava do meio dia quando finalmente fui entrevistada, pouco mais de duas horas da tarde estávamos todas liberadas e correndo na direção do aeroporto para o nosso voo que estava previsto para as dezesseis horas daquela mesma tarde. No aeroporto com lágrimas nos olhos nos despedimos das tias e tios da Missão de Justiça e do Lar Sanlaap. A tia que insistiu em fazer contato no dia do meu resgate me entregou um pequeno envelope e disse para abrir apenas depois que o avião decolasse. Ela me abraçou forte, agradeci por tudo que ela havia feito por mim.

138

Aquele era o nosso primeiro voo, estávamos nervosas, mas alegres. Uma viagem de apenas uma hora até Kathmandu, muito diferente da longa jornada que percorri até chegar a Índia. Ao tocar o bolso do meu agasalho esbarrei no pequeno envelope que a tia havia colocado no meu bolso no aeroporto.

Já estávamos no ar, um pouco aterrorizadas e muito animadas com a aventura de voar, abri o envelope e nele estava a foto que posamos juntas na tarde anterior, quando fomos comprar roupas. No verso da foto ela havia escrito: *"Voe pequeno pássaro, vá muito além das montanhas, percorra os bosques, atravesse fronteiras e conte sua história para o mundo"*, de sua amiga...

Lembrei-me da noite em que nos conhecemos, do sorriso daquela jovem senhora que me acolheu com amor, das suas palavras "Seremos boas amigas". Sim, éramos amigas.

capítulo 13

Um belo uniforme

"Venha Anjali! O devocional já vai começar!" Disse uma delas.

"Trouxemos este buquê para você princesa!" Disse outra, que gentilmente me estendia a mão com um ramo de flores do campo.

Pus uma das flores no meu cabelo e juntas descemos os quatro lances de escada até a sala de estar. Sentada em frente a lareira uma das meninas mais antigas na casa tinha um violão sobre as pernas cruzadas enquanto folheava um velho caderno. Quase todas as meninas tinham em suas mãos um pequeno livro de capa negra.

"Sente do meu lado você pode ler comigo..." Disse a menina que havia me levado flores.

As primeiras notas do violão logo foram sufocadas pelo animado coro composto pelas doces vozes das minhas irmãs. O calor da lareira espantava o frio, aquecia a alma e os versos daquela canção que falava sobre graça e perdão foram comovendo minha alma.

"My chains are gone
I've been set free
My God, My Savior, has ransomed me
And like a flood, His mercy rains
Unending love
Amazing Grace [3]*"*

---

[2]Preservamos trechos originais do diário da Anjali Tamang, estas adições estão destaca-

Lágrimas de alegria corriam sobre o meu rosto, pois sentia meus punhos livres novamente, eu estava liberta. A liberdade reverberava nas paredes do meu coração, do mesmo modo, que os versos daquela canção nas paredes da sala. "Meu Deus, meu salvador, me resgatou", na minha mente podia rever o homem que nos sonhos me abraçava forte, ele se apresentava com o rosto do meu pai, falava no meu idioma, mas era mais, bem mais que o meu falecido pai: era Deus meu salvador trazendo esperança para o meu coração. *"Sua misericórdia chove, amor sem fim, graça incrível."*

Era invisível, continua sendo, mas também é real. Sentia naquele momento que o veria entrar sorridente pela porta, podia ouvi-lo chamar pelo meu nome.

"Deixai vir a mim os pequeninos..." Recitou a menina em meio a canção...

Sim, era Ele, o Rei de nobre coração, das histórias contadas pela tia da Missão de Justiça. Ele habitava conosco naquela casa, a sua morada e o seu Reino eram os corações das pobres meninas órfãs.

Quando as canções cessaram, conversamos sobre amor e perdão. Ouvi uma linda história sobre Jesus e os soldados zombadores, Ele os havia perdoado, mesmo tendo sofrido tanto, Ele os perdoou.

Em seguida fizemos uma oração a Jesus, falamos sobre as nossas mágoas e más lembranças a Ele. Prometi que com o tempo contaria toda minha história, mas naquele

O tempo foi passando, as feridas pouco a pouco sararam. Nas manhãs de sábado costumava caminhar pelo jardim da nossa casa e conversar com o Rei de nobre coração, contei para Ele minha história, cada detalhe e o nome de cada personagem, os bons e os maus. Ele costuma caminhar comigo, conhece o meu coração, os meus sonhos, os meus medos e a saudade que habita em meu ser.

Com o tempo percebi que restava pouco dos Tamang em mim, talvez a escassa paciência e o temperamento forte apenas. Já não sentia pertencer a antiga montanha como antes. A saudade constrói seu baú na alma e deposita ali o que não podemos interferir quer seja para remediar, quer seja para saciar e fechar a tranca, de modo que na maior parte dos dias nem os velhos fantasmas da memória nos assombram mais.

Por esses dias conheci o ancião peregrino dos capítulos anteriores, ele me contou um pouco da história dele e ouviu sobre a minha história. Quando ele viaja do Brasil para o Nepal traz consigo o carinho de centenas de voluntários do Programa Meninas dos Olhos de Deus Brasil, as orações de milhares de irmãos e irmãs que apoiam o projeto e, também, carrega na bagagem os velhos cadernos de notas.

Então sentamos a sua volta e ele nos ensina sobre, *"A pessoa de Jesus"*, *"Os quatro níveis de obediência"* e *"O livro de Daniel e o Apocalipse"*. Ele conta e reconta suas muitas histórias, coça a cabeça e fala dos sonhos que ainda não realizou. Para ele *"Vidas valem mais do que coisas"* e isso é o bastante para todo o esforço que faz. Meu povo precisa entender sobre o valor da vida humana, lá pessoas são trocadas por um punhado de Rúpias, não apenas vende-se uma menina ou menino, vende-se nossa história, a certeza de que haverá Tamangs nas próximas gerações. Sonhos são dilacerados com falsas promessas e milhares de crianças são expatriadas para a prostituição nos bordéis indianos.

Os voluntários do lar nepalês começaram um programa de reaproximação das meninas e meninos com suas famílias. Palestras e documentários advertiam sobre o tráfico humano e suas terríveis implicações. Ainda palestravam sobre a vida pós escravidão sexual.

O programa conta lindas histórias de meninas que haviam se formado na faculdade, casado e algumas já eram mães. Visa prevenir o tráfico e reintegrar as meninas a suas comunidades para que elas próprias possam lutar contra o tráfico de pessoas.

***

Era fevereiro de 2012, o inverno estava rigoroso, nas estações frias os velhos fantasmas voltam a nos assombrar e a saudade castiga forte como os ventos nos cumes das montanhas. Após um longo período de trabalho finalmente era seguro o reencontro com nossas famílias.

muito próximo, mas parecia carregar sobre seus olhos pesadas nuvens negras.

"*Seu irmão conta muitas histórias sobre você...*" Falou ela olhando para o chão.

"*Foram muitas aventuras juntos.*" Respondi.

Logo, minha mãe, padrasto e irmãos – filhos do segundo casamento dela – se reuniram a nós. Conversamos sobre muitas coisas, bebemos chá, meu irmão preparou nosso prato predileto de infância, vinho de arroz, um banquete de emoções.

O reencontro com quem amo, mas também com os que me fizeram muito mal. Meus tios, irmãos do meu padrasto, que na minha infância tocavam meu corpo, deitavam-se ao meu lado sob o pretexto de me proteger e suas esposas que me incentivaram a ir para a Índia e receberam dinheiro dos traficantes em troca da minha vida, também estavam lá.

Pareciam constrangidos, talvez sentissem remorsos ou simplesmente eram de fato amargos em sua existência vazia. Quando meus olhos se encontravam com os olhos deles, era como se pudesse ver dentro de seus corações frios e gananciosos.

Antes da refeição meu irmão disse algumas palavras, meu padrasto agradeceu aos deuses por estarmos juntos uma vez mais, minha mãe enxugava suas lágrimas com as mangas de sua camisa. Quando todos finalizaram suas

167

falas pedi licença para contar a eles o que sentia naquele momento.

"*Venho de uma longa jornada, meus pés estão cansados, meu coração ferido pela saudade. Nessa jornada aprendi muitas coisas, conheci pessoas más, mas também pessoas boas. As pessoas más fizeram com que desesperasse a própria vida, por algum tempo pensei que todos fossem maus. Porém, as pessoas boas que conheci me ensinaram a persistir, a caminhar uma milha a mais, a ter fé no amor e jamais esmorecer na perseverança. Sobretudo me ensinaram que vale a pena perdoar e recomeçar, que perdoar não é um ato de merecimento, mas sim uma graça, algo pelo qual não podemos pagar ou receber uma recompensa por ter tomado tal atitude. Hoje é o dia em que renascemos, não devo nada a nenhum de vocês e vocês não devem nada a mim... Sou grata a Jesus por reencontrar todos vocês, pelas pessoas que me acolheram...*"

Minha emoção era demasiada para prosseguir, fizemos uma oração e comemos juntos como no passado. Naquela mesa faltava o meu pai, meus avós e minha tia que haviam partido, mas não faltavam a esperança e a alegria de estarmos reunidos.

Após a refeição, meu irmão e eu nos afastamos da casa e seguimos pela trilha – um caminho conhecido – na direção da escola Tamang. Não usamos a ponte, fizemos como no passado, ele me ajudou a atravessar: "*Você ainda é a mesma menina fraca...*" Disse ele.

"*Você ainda é meu irmão forte!*". Respondi sorrindo.

A velha escola estava tomada pela vegetação, sua cobertura arriada, a porta caída. Meu coração acelerou, o sonho do meu pai estava em ruínas, deixar a escola Tamang morrer era como apagar toda a memória do nosso pai. *"Irmão não podemos deixá-la assim, temos que limpar, pôr uma porta, restaurar a cobertura..."* Disse a ele.

"Não há o que fazer, há anos não tem professor algum, o governo não se importa com a educação para os Tamang". Respondeu ele com olhar entristecido.

O dia foi passando e a noite já se aproximava, não havia acomodações para receber a equipe que fora comigo, logo os sorrisos foram desaparecendo, a alegria passou a ser ansiedade, um pouco de dor e saudade faziam com que as palavras saíssem cortadas. Já passava da hora de dar adeus. Não era apenas caminhar na direção do ônibus, rodar algumas milhas, era virar as costas para a minha montanha, dar adeus ao meu irmão.

Nos abraçamos, choramos, fizemos recomendações uns aos outros, algumas promessas e marcamos outro encontro para o mais breve possível. Mochila nas costas, cadarços apertados e pé na estrada. A carga já não era pesada, meu passado era apenas passado, podia seguir em frente.

O vento que soprava naquela tarde de temperatura amena, assoviava uma alegre canção por entre as folhas das árvores. O sol alaranjado declinava, à sombra das montanhas os pássaros voavam para as fendas das rochas. Os campos eram dourados, as ervas estavam floridas, os Tamang pouco a pouco recolhiam- se em suas casas, as chaminés expiravam o fumo branco. Meu coração enfim estava em paz.

capítulo 16
O Sonho

possível. Apesar das dificuldades por não ter estudado adequadamente nos níveis anteriores e por estar em uma classe de um nível mais alto, me saí bem nos estudos, sempre estive entre os dez melhores alunos da turma. Com muita dificuldade consegui alcançar a terceira posição com 83% de aproveitamento, o que contribuiu para que avançasse para a oitava série no meu terceiro ano escolar. Depois comecei a estudar de forma seriada. Os níveis mais avançados eram bem difíceis, mas eu ainda continuava entre os dez melhores da turma.

Tenho uma identidade porque fui educada na escola. Nela aprendi a ler e a escrever de modo que posso ir a qualquer lugar e não ficar perdida, pois consigo falar as palavras que vejo. A escola me fez uma pessoa melhor dentro da sociedade, construindo um bom caráter em mim.

capítulo 14

Lágrimas em meu rosto

"*A casa está fechada, estão todos na roça...*" Informava a vizinha com seu largo sorriso desdentado. "*Não se preocupe vou mandar o menino chamar o povo da casa...*"

Cansada, sentei sobre alguns tijolos em frente à minha antiga casa, tudo permanecia intacto. A horta estava verde, canteiros caprichosamente desenhados, próximo à porta a lenha cortada. Sim, meu irmão era um homem crescido, nossa casa estava do jeito em que meu pai deixara antes de partir.

No final da estrada uma nuvem de poeira crescia, era meu irmão correndo na direção da nossa casa. Levantei rápido, desprendi a mochila e todas as cargas que trazia na minha alma e corri livre na sua direção.

"*Irmã você voltou para casa!*" Exclamou meu irmão.

Sem poder falar sufoquei meu choro no seu peito, meu irmão tem o perfume do campo, suas palavras são poucas, mas seu olhar contém a mais linda declaração de amor fraternal de todos os tempos, suas mãos grossas pelo trabalho enxugaram minhas lágrimas e ele me tomou pela mão, "*Venha conhecer a sua sobrinha*".

Ela é uma linda menina, forte e muito saudável. Segurá-la em meus braços foi como receber um prêmio por ter resistido todos aqueles infindáveis anos distantes da minha família. Minha cunhada, uma típica Tamang, sorria discretamente e avaliava-me com seu olhar cansado. Quantos anos teria? Certamente a minha idade, ou algo habitações de pedra que expiravam o fumo dos fornos. Os odores de picumã e esterco dos animais me catapultavam no tempo, era como se o ponteiro do relógio girasse rapidamente no sentido anti-horário, e lá distante... Em meio a ervas florescentes corria a menina de cabelos negros, olhos oblíquos e face tisnada de fuligem... Perseguida por um menino magro, sorriso de dentes irregulares, pés descalços, agasalhado pelo velho casaco de lã rústica... Mãos na altura da cintura, como quem apoia as pesadas espaldas, enxada encostada no ventre, um homem jovem com seu típico chapéu nepalês desbotado, sorria e guardava seus filhos sob seu olhar... No cimo do monte a jovem esposa chamava os seus para comerem a refeição que aguardava sobre a mesa. Não era uma vida perfeita, mas era minha vida, era a minha família que me fora roubada.

"*Anjali, adiante!*" Disse o guia impaciente.

Como quem é apanhado em meio a uma travessura fui despertada para seguir em frente.

Crianças corriam para todo o lado, os anciãos sentados sobre tijolos nas portas de suas casas eram como adornos incorporados à paisagem, testemunhas oculares da história Tamang. Um pouco arredios e desacostumados com os raros visitantes levavam a mão por debaixo do gorro e coçavam a cabeça como quem procura uma razão para o que vê.

Os meninos corriam de todas as direções e os cochichos informavam o que estava acontecendo aos mais velhos.

"Primeiro beba um pouco de chá e coma alguma coisa".
Disse a tia.

"Depois nos escute com muita atenção."

Após beber o chá e um pouco mais calma, eles me contaram muitas histórias e notícias que desconhecia. Naqueles anos em que estive fora o tráfico de meninas no meu vilarejo havia se intensificado muito. Muitos traficantes estavam por lá.

Findo o tempo em que seu corpo é útil nos bordéis, após contrair muitas doenças e ficar "velha" demais para o trabalho, com sorte morrerá rápido, talvez viver na mendicância ou até retorne para a sua família. Quando chegar até eles, a menina, é rejeitada e desprezada, pois não passa de vergonha e desonra para seus pais. A escravidão sexual faz de você cidadão de lugar nenhum, uma pessoa sem origens, absolutamente nenhum Tamang quer estar associado a você.

Voltar imediatamente para o meu vilarejo era muito perigoso, minha vida corria sérios riscos e por estar com meu corpo e aparência recuperados pelos meses em que vivi no lar Sanlaap, poderia ser novamente raptada para a prostituição. Naquela manhã descobri que não era apenas órfã de pai, na realidade, quem havia morrido era eu mesma para minha família.

"O que vai ser da minha vida? Eu não tenho ninguém!"
Perguntei a eles.

145

"Cuidaremos de você... Nós e suas irmãs estaremos sempre ao seu lado". Responderam.

Conversamos um pouco mais, pedi licença para trocar de roupa, retornei para o quarto.

Desfiz minha mala, organizei tudo no roupeiro. Pus sobre o criado mudo a foto que havia recebido da tia da Missão de Justiça, depois de um longo suspiro comecei a escovar meu cabelo. Perto e longe, a dualidade, ainda que visível aos olhos pela janela do meu quarto – soberano assentado no horizonte – o Himalaia, mesmo assim distante, uma série de implicações culturais me impediam de chegar até lá, era preciso recuperar o prestigio diante da minha família. Regressar, apenas, não bastava. Naquela manhã, lembrei-me do diário que trazia comigo.

Aquele pequeno caderno de capa de couro sintético escrito com letras douradas "My Secrets", lacrado por um laço de fios de seda, com páginas brancas não pautadas levemente tingidas de caramelo nas extremidades, desafiava o lápis que segurava entre os dedos. O papel branco, recordações, sentimentos, o entorno e o grafite de ponta arredondada. Pela primeira vez escrevi sobre o que estava sentindo.

O grande desafio de quem mora com uma grande família é a privacidade. As minhas irmãs sabiam que estava profundamente triste por não poder rever minha família, não demorou muito para que uma comitiva de rostos sorridentes e vozes animadas invadissem a escura cela e me levantassem do catre no qual minha alma rememorava desventuras.

poeira e sangue, no regresso minha alma suspirante estava coberta por cicatrizes e lembranças que poderiam preencher milhares de páginas de um livro que jamais poderia ser encerrado.

Ao trotear do velho motor Mercedes Benz, pulsava meu coração. Regressar é, de fato, uma batalha travada nos campos da alma, são dias e noites de intensa luta com o passado, com as mágoas do presente e com a expectativa de um futuro incerto. No raiar de uma nova manhã minha coxa estaria ferida, mas o meu nome não seria mais o mesmo.

Das minhas muitas andanças, dos meus muitos sofrimentos e das abundantes lágrimas depositadas em taças, O vi face a face e sobrevivi. O quê ou quem que faça parte do passado poderia me impedir de seguir em frente? Não havia motivos para estar de cabeça baixa, não havia razão no medo que gelava a minha alma, naquele dia tudo o que estava pendente de uma resolução seria resolvido.

Mochila nas costas, cadarços apertados e em duas horas e meia de marcha estaria nos braços do meu irmão. A estrada poeirenta e cheia pedregulhos desafiava os membros menos experientes da expedição mais importante da minha vida. Embora o tempo me houvesse agregado maturidade e força para enfrentar as intempéries da vida, confesso, que meus pés já não continham a mesma habilidade dantes para percorrer as perigosas trilhas que ligam os Tamang ao resto do mundo.

A cada passo, a cada recuperar de fôlego, o distante se aproximava, a linha do horizonte desenhava pequenas

Era primavera, as temperaturas estavam amenas. Recordei que a neve estava derretendo e que as ervas estavam florescendo na minha montanha. A saudade despertava de sua hibernação no meu coração, lembrei-me do meu irmão e da minha mãe, da promessa de visita-los nas férias escolares.

Contei ao tio e a tia, líderes do lar, sobre a minha promessa e eles entraram em contato com a minha família e marcaram minha visita. Deram-me dinheiro para comprar presentes e organizaram tudo para minha viagem.

O caminho era de fato muito perigoso, o velho ônibus avançava com vagareza pelas montanhas, penhascos enormes – que causavam vertigens para quem olhava para baixo - cercavam as estradas. Foram horas de uma viagem repleta de ansiedade. Na minha mente indagava, *"como com apenas onze anos de idade pudera percorrer aquela enorme distância a pé pelo meio da mata?"*.

Difícil explicar a força da obstinação por um sonho, o trajeto a bordo de um veículo parecia demasiado longo, mais longo do que o percorrido a pé no dia em que deixei a minha montanha. Talvez a jornada do retorno tenha começado na noite em que o véu que cobria os meus olhos foi rasgado naquele quarto improvisado do bordel em Sonagachi. Na partida meus pés estavam enlameados de

capítulo 15

A Minha Montanha

aquilo não era e não é o meu lugar original. Encoberto pela neblina, por detrás do espelho embaçado das águas que nasciam nos meus olhos, estava o meu irmão e nossa infância perdida, meus avós, tios e tias. Quem me dera possuir asas para voar até eles, para dizer que ainda era aquela menina frágil, perdida e com medo.

O vento soprou forte, os lençóis no varal se desprenderam e sob as advertências da tia, as meninas corriam as gargalhadas para recolhê-los. E por alguns minutos minha atenção era integral à luta das minhas irmãs com o vento que levava nossas roupas.

"Menina venha tomar café!", gritou uma delas lá do gramado. E como quem é apanhado em meio a uma travessura fiquei rubra de vergonha por estar espionando da sacada do quarto. Uma vez mais como quem apenas lança um último olhar antes de partir, mirei o horizonte, o vento havia levado a bruma e lá estava ela: *"A minha montanha!"*.

Desci as escadas da casa de pijama e pés descalços. Não falava apenas chorava, minha garganta estava fechada. Sim aquela era a minha montanha, no horizonte distante, mais visível aos meus olhos. O tio me segurou, lutei com ele, queria ir até o vilarejo Tamang do modo como estava, caminharia até lá. Não queria passar nem mais um minuto sem abraçar o meu irmão.

Então ele me abraçou forte, e a tia veio até nós, todas as meninas estavam perplexas com a minha reação. Uma delas trouxe um pouco de chá e os tios sentaram comigo na mesa do café para conversar.

144

Ásia. O médico recebeu uma semente no coração, sonhou com algo e lutou pelos recursos, os outros dois receberam as sementes do sonho do primeiro e trocaram tudo que possuíam por uma vida incerta e junto com seu pequeno filho fundaram o lar nepalês The Apple Of God's Eyes.

As horas voaram e findas as apresentações e toda aquela linda recepção fomos conduzidas aos nossos aposentos. Fui levada para um quarto com três meninas já residentes no lar. Minha cama estava estendida com lençóis e cobertores novos. Tomei um banho e me deixei levar pelo cansaço.

A luz penetrava por entre as persianas, pássaros, veículos e o som alegre das meninas que despertavam. Acordei perdida, talvez de mais um pesadelo, a primeira noite num lugar desconhecido não nos permite descansar plenamente. As outras meninas já haviam descido para o café da manhã. Caminhei até a sacada do quarto, recolhi as persianas e deslizei o vidro da janela.

O vento frio da manhã tocou meu rosto, respirei fundo, já não era o ar poeirento da velha Índia. Fechei os olhos, segurei na proteção da sacada, meus olhos estavam úmidos e derramaram lágrimas confusas. Confesso não ter certeza se eram gotas de gratidão ou de ressentida saudade da minha montanha. O horizonte estava encoberto pela bruma, atrás daquela linha que distante se projetava estava a minha família.

Doía e dói, muito além do que você possa compreender, não poder correr até minha mãe, o lar era lindo, as pessoas pareciam de fato estarem gratas com a nossa vinda, mas preparado um lar para meninas como minhas irmãs e eu que retornávamos ao Nepal naquele fim de tarde.

No aeroporto de Kathmandu um grupo de meninas e voluntários nos aguardavam ansiosos, eles seguravam cartazes com mensagens de boas-vindas e coroas de flores para pôr sobre nossos ombros. Não esperávamos absolutamente nada do que encontramos, estávamos conformadas em ser mais um número nos abarrotados orfanatos aguardando a data do despejo. Entretanto, o que encontramos foi um lar.

O percurso do aeroporto à nossa nova casa foi em um micro- ônibus, os voluntários e as meninas estavam radiantes com a nossa chegada, nós estávamos tímidas, talvez receosas, confiar não havia nos rendido bons resultados. Quando o veículo estacionou, olhei para a casa e pensei que havíamos parado para que outro passageiro pudesse entrar ou por algum problema mecânico.

Era uma linda casa, com jardim e uma grande porta de entrada. Muitas meninas, meninos e alguns voluntários cantavam uma canção de boas-vindas. Cartazes com belas mensagens pendurados nas paredes da sala, uma grande mesa com bolo enorme e decorado, muitos doces e comidas típicas do meu povo. Como não se emocionar? Estávamos sem fôlego. Ainda recebemos muitos presentes, roupas novas e muitos, muitos abraços.

O lar nepalês Meninas dos Olhos de Deus estava sob a tutela de um casal de brasileiros, eram missionários e amigos do médico e pastor também brasileiro que há mais de uma década lutavam contra o tráfico de crianças na

A curvatura da Terra já não ocultava a minha montanha, o sol declinava no horizonte e o sistema de som da aeronave anunciava que o pouso estava autorizado. A tripulação e os demais passageiros afivelavam seus cintos inadvertidamente, eles não perceberam, mas havia poesia naquele por do sol, havia comoção naquela cápsula alada. Onze meninas regressavam da diáspora, suas almas extenuadas, cansadas de perambular, apenas buscavam um lugar para chamar de lar.

Sobreviventes do tráfico e da moderna escravidão humana, habitantes das margens, vítimas do ávido egoísmo, objetos que aplacam a luxúria de um sistema social que se vale da negligência daqueles que fingem nada saber. Desvia-se o olhar, evitam-se os becos e as favelas, coleciona-se retratos de velhos templos, belas paisagens e lindas lendas. Mas quem percebe uma criança? Quem se importa com uma menina escrava? Quem prepararia um lar para uma menina Tamang repatriada do submundo da prostituição infantil?

"Eu daria a minha vida para ver uma só dessas meninas recuperada, com Jesus no coração, cheia da vida de Deus, alegre e apresentá-la ao Senhor Jesus dizendo: Aqui está, Senhor, é tua noiva!". E assim ele o fez, o médico peregrino que na década de 1990 havia se deparado com a mais terrível realidade das favelas indianas, o corpo de uma menina sobre o lixo abandonado na sarjeta, havia

que podíamos seguir em frente, reconstruir a partir das ruínas que deixamos para trás.

"Minha irmã, senti muito sua falta, procurei por você pelas montanhas, pelo rio, gritei alto por você. Como pôde me abandonar?" Perguntou meu irmão.

"Fui iludida, enganada. Fui raptada e vendida como uma escrava, nada do que me fora prometido se cumpriu!" Respondi a ele.

Fomos levados para o restaurante do hotel, almoçamos juntos e conversamos sobre muitos assuntos. Meu irmão havia se tornado pai de uma menina, disse que ela lembrava a mim quando criança.

"Sempre que olho para o rosto da minha filha penso em você e na nossa infância." Disse ele.

Ele ainda trabalhava muito para sustentar sua esposa e filha. Suas mãos estavam grosas do trabalho, seu olhar parecia um pouco cansado. Quando olhava nos seus olhos, era como voltar ao passado, reviver nossas aventuras, a eterna luta por comida, as velhas brincadeiras, as noites de tormenta em que tremíamos de medo e frio abraçados, e os festivais folclóricos dos Tamang.

"Lembra que nosso avô sempre nos dava algumas Rúpias no dia do amigo?" Perguntou ele.

"E os mascates traziam novidades, brincos e fitas para o cabelo... Você comprava um par de brincos e surrupiava uma fita para me presentear..." Respondi a ele.

157

"Sim! Você ainda lembra..." disse ele.

Então pôs a mão por dentro do velho agasalho de lã bruta e de dentro do bolso tirou um embrulho de papel amarrado com cordão e o entregou para mim.

Quando desfiz o embrulho, meus olhos não puderam acreditar no que viam... estava lá. Por todos esses anos meu irmão havia guardado os velhos brincos e minha fita de cabelo.

"Quando a saudade dói demais, e já não consigo ter fé de que nos reencontraremos, desfaço este embrulho e o refaço. É como se a esperança se renovasse no meu coração". Disse o meu irmão.

Não pude falar nada nesse momento. Ele continuou: *"Você agora usa lindos brincos e uma fita novinha em seu cabelo, mas nenhum outro carregam a saudade destes dois que trago perto do meu peito dia e noite..."* Finalizou.

Retirei os brincos que usava e pus aqueles velhos brinquinhos....

Despreguei a fita dos meus cabelos e pus a velha e amarelada fita de flor lilás nos meus cabelos.

"Estes brincos novos são para sua esposa e a fita para os cabelos da minha sobrinha que ainda não conheço, mas amo muito. Quando você olhar para elas se lembrará de mim, mas agora com alegria." Respondi a ele.

"Na nossa velha casa o fogo está sempre acesso, não deixo faltar lenha" Disse ele orgulhoso.

momento pedi que apenas me ajudasse a entender como alguém podia perdoar as pessoas que lhe fizeram mal.

Cantamos uma última canção:

"*When I am down and all my soul so weary When troubles come and my heart burdened be, Then, I am still waiting in the silence Until you come and sit a while with me* 4"

E o almoço já estava na mesa, corremos para lavar as mãos, no meu caso também enxugar as lágrimas.

O vento soprava, madrugadas frias, os dias eram de ansiedade, queria que as férias escolares logo terminassem. Não podia conter a euforia por finalmente frequentar uma escola. Entre brincadeiras, passeios e longas conversas sobre cabelos, moda e garotos os dias passaram.

Na véspera do primeiro dia de aula, enquanto tomávamos café notei que as meninas riam e cochichavam entre si. Um pouco desconcertada logo perguntei o que estava acontecendo. Elas me disseram para correr até minha cama.

Curiosa como sempre corri pelos degraus, "Anjali não corra nas escadas", gritou a tia. Quando abri a porta e olhei sobre a cama, não pude crer no que enxergava: dois conjuntos do uniforme escolar, um par de sapatos negros,

4"You Raise Me Up" é uma canção cuja melodia foi composta por Rolf Løvland e letra de Brendan Graham.

agasalho, calça e tênis para as atividades físicas, cadernos, livros, canetas coloridas, uma mochila e um bilhete: "Bemvinda a escola, seus sonhos começaram a serem realizados!".

No outro dia como todas as meninas subi no ônibus da escola, fiz fila para entrar na sala de aula, cantamos o hino do Nepal e fizemos uma oração para começar as aulas. Naqueles dias meu coração estava muito alegre, cada coisa nova que aprendia me fazia crer com mais força que um dia reabriria a escola que meu pai havia fundado.

Aquele primeiro dia de volta a uma escola foi muito emocionante, pois fiquei numa classe especial na qual aprendi regras básicas de leitura e escrita com livros do nível 1 e 2. Os resultados daquele primeiro ano de estudo me chocaram, pois eu nunca imaginaria que eu seria capaz de superar todos os alunos. Ganhei um diário de presente da escola que está sempre dentro da minha mochila escolar, me encorajando para que eu dê sempre o meu melhor. O manterei comigo até que eu termine todos os meus estudos.

No ano seguinte eu fui para a sexta série, com colegas diferentes, o que me proporcionou fazer novas amizades. Eu aprendi a me ajustar à sociedade e me esforcei o máximo segundos o caminho do meu vilarejo às distantes montanhas que fazem divisa com a Índia, percorri longas jornadas de ônibus pelas estradas que fazem a rota do tráfico, passei por meses de desolo e desespero em meio a prostituição, fugi da polícia pelos becos da Red Light Zone em Calcutá, busquei refúgio no abrigo Sanlaap, finalmente deixei meu quarto do lar nepalês para enfim me abrigar nos braços do meu irmão.

Sim! Sim! Mil vezes sim! Aquele rapaz tímido vestido de forma humilde, ainda possuía o mesmo cheiro de menino, seu rosto ainda era do mesmo garoto que naquela madrugada fria sob pesado sono descansava da sua exaustiva jornada de trabalho, enquanto sua única irmã fugia de casa. Um longo abraço silencioso, lágrimas de alívio e nada ao redor importava, pois aquele era o dia mais feliz de toda a minha vida.

Junto a nós minha mãe, em meio a muitas lágrimas, me puxou para o seu peito. Suas lágrimas desciam sobre o meu rosto, ela por vezes tentava falar, mas não conseguia. Erámos novamente uma família como no princípio de tudo, os três juntos, os nossos rostos carregavam marcas, nossos corpos tinham cicatrizes, nossas almas muitos pecados a serem confessados. Mas qual a importância do que passou diante do que há por vir? Nossas lágrimas, os sons do choro alto que cada vez aumentavam mais, a cada reencontro um renascimento.

Naquela manhã gelada, renascemos, não apenas minha família e eu, mas cada uma daquelas meninas e seus parentes. Percebemos que ainda não havia chegado o fim,

"*Anjali, amanhã será um grande dia! Você terá um encontro com sua mãe!*" Disse a tia.

Todas sabiam que estava próximo o dia do reencontro, mas não esperávamos que fosse avisado de um dia para o outro – para não frustrar nossa expectativa, primeiro nossos parentes foram trazidos para um hotel, para enfim no próximo dia nos reencontrarmos.

Como dormir? Aquela noite foi tensa, o sono intercortado por espasmos, as horas não passavam. Veria, enfim, minha mãe, saberia notícias sobre meu irmão e avós. O vento lamuriava pelas ruas, gotas geladas salpicavam as janelas, adormeci.

Na manhã seguinte fizemos o desjejum rapidamente e em fila subimos para o ônibus. No caminho olhávamos para todos os lados na esperança de reconhecer algum dos nossos parentes. Na sala de conferencias de um importante hotel de Kathmandu nossos familiares aguardavam nossa chegada.

Descemos afoitas do ônibus e caminhamos rapidamente na direção indicada pelos voluntários. Levávamos flores para as nossas mães e pais. A sala era grande e haviam muitas pessoas, gritos de arrependimento, lágrimas de saudades e sorrisos da mais profunda alegria, pouco a pouco as famílias e as crianças se reencontravam.

Perdidos, talvez um pouco assustados, minha mãe e a grande surpresa daquele encontro: meu irmão que se elevava nas pontas dos pés a minha procura. Quando os reconheci, corri com os braços abertos, percorri naqueles gritava alto, muito alto, mais alto do que meus ouvidos podiam suportar. As gotas de chuva empurradas pelo vento frio faziam com que os vidros derramassem lágrimas.

Por toda aquela noite os ventos foram fortes e a chuva foi se intensificando. Fortes relâmpagos e estrondosas trovoadas, mas não senti medo. Naquela noite fria o abraço do meu irmão ainda me aquecia.

"Venha morar comigo." Continuou.

Expliquei a eles que estava estudando, que em pouco tempo estaria na universidade e seria uma professora para retomar o sonho do nosso pai. Disse a ele que seria a professora da minha sobrinha e que chegaria o dia em que nenhuma Tamang seria traficada ou explorada de qualquer modo. Nenhuma mulher com o nosso sangue tornará a ser humilhada.

Tristes eles me disseram que meu avô paterno havia nos deixado, velhinho e cansado havia morrido em sua cama enquanto dormia. Também minha tia que havia feito meu reconhecimento na Índia adoecera e morrera.

Nossa vaca tinha parido três vezes depois que parti e morrera velhinha. Meu irmão possuía algumas cabras e cuidava de uma horta na frente da nossa antiga casa.

As horas voaram e novamente precisávamos nos afastar. Eles me incentivaram a estudar bastante e pediram para visitá-los o mais breve possível. Meu irmão estava ansioso para me apresentar sua filhinha.

Combinamos que nas férias escolares iria visitá-los no vilarejo. Nos abraçamos demoradamente, nos olhamos nos olhos e dissemos até breve. Aquele não era um adeus, logo poderíamos nos reencontrar.

Da janela do ônibus podia vê-los, lado a lado, na porta do hotel. O veículo partiu e acenamos, minha mãe e irmão foram desaparecendo. A medida que avançávamos fui percebendo que a saudade, antes adormecida, agora já

A vida parecia perdida, mas foi encontrada. Os sonhos estavam secos até a raiz, mas ao cheiro das águas a esperança reviveu. Noites de tormenta, dias cinzas, noites estreladas, dias de céu azul... e o tempo segue seu curso empurrado pelos ventos. Nas próximas férias vou passar alguns dias na casa do meu irmão, vou mostrar a ele o projeto que elaborei para a nova escola Tamang.

No início foi muito difícil, demorei cerca de quatro anos para perdoar. Passei muito tempo chorando, mas quando fui para o lar Meninas dos Olhos de Deus, ouvi falar sobre Deus e ouvi acerca do perdão. Aprendi que o ser humano comete muitos erros, contudo, aprendi que se não perdoarmos os que fizeram mal conosco, nós também não seremos perdoados, foi o próprio Jesus quem disse isso.

Por muitas vezes perdoei os que me fizeram mal, achava que as coisas já estavam resolvidas em meu coração, mas um sentimento de culpa ainda me assolava. Por meio da Palavra, comecei a mudar, comecei a chorar menos e a entregar tudo nas mãos dele. Comecei a pedir perdão para Deus por não ter ainda perdoado as pessoas que me fizeram coisas ruins. Um dia aconteceu, estávamos num momento de adoração, cantávamos. Percebi: tinha de perdoar. Não conhecia muito de Deus, mas naquele momento eu comecei a declarar o perdão, e entendi que de fato tinha perdoado. Chorei muito naquele momento, as lágrimas em meu rosto eram abundantes, vertiam profundamente em minha face. Acredito que esse foi um dos dias mais importantes para mim, senti-me livre, completamente livre.

Costumava amar somente as pessoas que me amavam, e maltratar aquelas que fossem ruins aos meus olhos. Era cheia de pensamentos negativos e não conseguia perdoar quem me machucava. Mas Deus me curou de tal forma que meu deu um coração para perdoar aqueles que me feriram e que deixaram traumas em minha vida, destruindo a minha infância.

Perdoei o meu tio que tocou o meu corpo e outro tio que, mesmo sendo tão próximo a mim, tentou ter relações sexuais comigo. Perdoei os garotos que queriam me forçar a casar. Perdoei as pessoas que mentiram para mim, prometendo me ajudar, me levaram à prostituição nos bordéis da Índia. Perdoei os tios e as tias que me venderam por dinheiro. Perdoei o casal que se comportou muito mal comigo naqueles oito dias no quarto. Perdoei as pessoas que me viram em baixo da cama por cinco dias, mas fecharam os seus olhos, sendo indiferentes. Perdoei as irmãs, tios e tias, que me mantiveram por dez meses com medo e com frio.

Perdoei aqueles gerentes que controlavam o prostíbulo e também os irmãos nepaleses que iam como clientes em busca de satisfação pessoal. Perdoei todos os clientes que só satisfaziam seus desejos com uma criança e que não tinham um coração. Perdoei todas aquelas pessoas que caminhavam próximos a mim, e que me usavam injustamente. Perdoei, sim, perdoei.

Quem realmente perdoa não sente barreiras. Se você perdoar verdadeiramente uma pessoa, haverá reconciliação e relacionamento. Imagina se Deus nos perdoasse, mas não se relacionasse conosco novamente?! Um dia tive a iniciativa de ligar para a minha família e buscar conversar com o meu tio que abusou de mim, eu não sabia ao certo o que dizer, até porque ele não demonstrava qualquer arrependimento. Permaneci em silêncio, mas logo iniciei um simples assunto, só com um "oi". Eu não me sinto magoada quando o vejo hoje.

Antes de crer em Jesus, meu passado costumava me ferir e sentia que ninguém compreendia os meus sonhos, que estava sozinha. Mas quando nasci em Deus, entendi que faço parte de uma amorosa família, de pessoas que me ajudam a prosseguir na caminhada, que me ajudam a olhar com esperança para o amanhã. Ganhei muitas irmãs, irmãos, amigos, tios, tias e professores que me encorajam. Não estou mais sozinha. Tenho aprendido a amar, sorrir, cantar, dançar e a falar livremente como uma criança na infância, pois nasci de novo no coração e na mente pela graça de Deus.

Muitas pessoas me incentivam a ser uma enfermeira, médica ou engenheira, são lindas profissões, porém, o meu coração sonha reabrir a escola do vilarejo, lutar em favor daqueles que não têm assistência e oportunidades. Prossigo, convicta, certa de que vale a pena, ainda que o preço seja alto. Sei que perderei o conforto da cidade, do lar aquecido, da tecnologia, não importa. Tenho certeza que esta é a vontade de Deus para minha vida.

Deus tem planos muito especiais para mim, ainda que muitos deles não sejam o completo desejo do meu coração. Mas se não der ouvidos à Sua voz, minha vida não será completamente feliz. A escola é a minha vida e o meu sonho, seja o que for que queira fazer, começa por ela.

A vontade de Deus é boa, perfeita e agradável, cada passo desta jornada será recompensado na eternidade.

Minha oração é que Deus enxugue as lágrimas dos Tamang, que faça justiça aos órfãos e viúvas que gemem de dor sem ninguém que os acuda. Os Tamang não são perversos, muito pelo contrário é um povo acolhedor e muito trabalhador, a maldade é o fruto da escassez. Não há postos médicos, escolas, segurança pública ou mercados para atender as necessidades básicas das pessoas.

Falta conscientização a respeito do tráfico sexual, muitos pensam sinceramente que a vida será melhor nos prostíbulos indianos. O Lar Meninas dos Olhos de Deus tem doado centenas de bolsas de estudos para as crianças em situação de risco. Apenas a educação poderá mudar a difícil realidade do meu povo.

Um dia serei uma mulher de êxito, meus sonhos serão todos convertidos em realidade.

Por meio de Jesus e de seu amor, serei capaz de ajudar minhas muitas irmãs que estão crescendo, possibilitando uma nova vida às pessoas do meu vilarejo, que vivem na escuridão. Sou apenas pó, não posso mudar uma pequena coisa sequer, mas todas as coisas são possíveis para Deus, somente Ele é capaz de mudar os corações que jazem nas trevas.

Creio que no futuro realizarei os sonhos de muitas outras crianças, possibilitando a elas um futuro de mais sorrisos e menos dor. Não falo isso baseada em meu orgulho, mas na minha fé em Deus. Sou feliz e grata a Deus por me fazer sonhar novamente.

Pode ser que não consiga comprar o melhor terreno para a escola ou construir o prédio dos meus sonhos. Talvez não tenha capacidades de oferecer todos os recursos necessárias para tal projeto, mas dedicarei o meu tempo a ensinar algo aos moradores do meu vilarejo, com o intuito de impedir o tráfico de mais pessoas para os prostíbulos, batalhando para evitar a destruição dessas vidas.

Um dia as pessoas terão orgulho de terem trabalhado pela minha proteção e segurança. Um dia muitas pessoas serão gratas a Deus por terem orado por minha vida. Haverá um dia em que eu farei meu povo orgulhoso de mim, pela minha fé fundamentada em Deus. Trabalharei enquanto houver fôlego de vida em mim.

Sei que mesmo não sendo capaz de fazer algo "grande", farei algo especial para Jesus, sendo fiel a Ele.

Até agora tudo o que conquistei foi graças aos meus corajosos professores, amigos e familiares, eles me incentivaram a estudar. A escola é o meu maior sonho, a minha satisfação pessoal está ligada a ela e o que representa. A maior parte do meu tempo eu gasto nesse ambiente de estudo, o que me encoraja e me prepara para o meu sonho de abrir e dirigir uma boa escola no meu vilarejo.

Sonho em reabrir a escola do meu pai lá no vilarejo, quero reconstruí-la. Acredito que ela trará conhecimento às pessoas, porque não quero que essa geração, e as futuras, da vila sejam ingênuas como fui, e passe por tantas tristezas como passei na minha vida.

Como uma pessoa salva e resgatada, tenho muitas responsabilidades. Se não trabalhar para o meu vilarejo e para as pessoas que vivem na escuridão, qual seria o significado de ser salva? A salvação que me alcançou precisa alcançar outras pessoas que estão na mesma situação em que um dia estive. Tenho que salvar minhas irmãs que estão no *prostíbulo, salvando uma vida dessa triste situação, sei que futuramente ela irá a muitos lugares do nosso país, oferecendo uma melhor educação para salvar outras crianças.*

Acredito que a jornada começa com pequenas coisas e termina com coisas grandiosas, fazendo aquilo que é até mesmo inacreditável. Sei que Deus um dia me fará bem- sucedida em meu caminho, se não puder salvar a todos, salvarei todos que puder.

"*Eu daria a minha vida para ver uma só dessas meninas recuperada, com Jesus no coração, cheia da vida de Deus, alegre e apresenta-la ao Senhor Jesus dizendo: Aqui está, Senhor, é a tua noiva!*" Sim sou a noiva de Jesus, não apenas eu, milhões de meninas e meninos serão recuperados do tráfico humano, da exploração infantil, porque aprendi:

"*Vidas valem mais coisas*".

capítulo 17

Uma nova jornada

Você, não pode imaginar as distâncias que já percorri, a dores que senti, o brutal medo que paralisava meu corpo, as muitas lágrimas que derramei...

Dos muitos sonhos que já povoaram a minha alma, das inúmeras metas estabelecidas, de tudo que uma pessoa possa querer na vida, o que mais quero é que você não compreenda, que jamais experimente o amargo fel da orfandade, do abandono, da escravidão, da violação sexual, da prostituição, da violência física extrema, da depressão, do rancor, da angústia, do medo, do desejo de morrer. Era apenas uma menina, uma criancinha, uma Tamang que carregava em seu corpo o fado de ser nascida mulher.

Ao azar, semelhante a um cordeirinho que se desgarrou do rebanho, órfã de pai, esquecida pela própria mãe, sem que nenhum parente estendesse a mão. Estava em meio a um deserto, sedenta...

Então veio Cristo, estendeu-me a mão. Não posso explicar o inexplicável, sem fé é impossível agradar a Deus, sem fé é impossível compreender a minha história, porque Ele estava lá desde o princípio, preservando a minha vida. Haviam sonhos que Ele sonhou, que sou eu quem realizará.

Fui vendida, atravessei o Nepal a pé, cruzei fronteiras, descobri o mundo, a caixa mágica, água encanada e a comida industrializada. Meu coração naqueles dias desidratou-se, apequenou-se de tal modo que o simples pulsar era-me doído, demasiado doído. Quis regressar, maus presságios assolavam- me, nuvens escuras no horizonte anunciavam que a tempestade seria longa. Mas como uma menina desavisada, inocente, poderia imaginar o mal que lhe sobreviria? Como pude sobreviver?

O Senhor me guardou. Debaixo das suas asas, me aqueceu, visitou-me em sonhos, estendeu a mão ferida pela cruz e sussurrou nos meus ouvidos: "*Eu também fui trocado por um punhado de Rupias...*", disse: "*Eu sei como dói o abandono, na cruz também fui abandonado...*"

Meus olhos eram semelhantes às nascentes dos rios, incessantemente derramavam lágrimas, amargas lágrimas que salgavam meus lábios cortados, que molhavam meu rosto machucado pelos castigos dos cafetões.

Sequer sabia que tinha direito a uma vida livre, descobri a liberdade quando acordei no cativeiro, passei a amar a luz do dia quando perdi o brilho dos olhos na escuridão profunda, os odores do tabaco e do álcool revelaram o quão puro eram os ares da minha montanha. Minha infância não chegou a findar, ela foi arrancada, não tive adolescência e quando olho para trás vejo muitas cicatrizes, cada uma delas poderia narrar sua própria história... A exploração infantil faz com que não sejamos mais crianças, pelo menos não no sentido normal da palavra, e de certo modo seremos sempre adultos que lutam dia a dia, hora após hora, por mais uma hora, por mais um dia.

Inexplicavelmente, quando menos esperava, já não tinha fé nenhuma, quando os vícios e as dores me venceram e apenas aguardava a morte findar seu lento labor e apagar a minha existência da memória de todos... Ele veio ao meu encontro, o homem que se parecia com meu pai nos sonhos, o meu resgatador, o meu Senhor me chamou pelo nome e mudou a minha história.

A cada dia recebo uma graça divina para seguir em frente, conheci homens e mulheres muito maus – pessoas que reinventam a maldade a cada minuto -, mas conheci também homens e mulheres muito bons, pessoas que me fazem sentir especial, que me incentivam a seguir em frente, a fazer do meu passado um impulso para um futuro brilhante. Através do amor que dedicaram a mim, pude novamente acreditar no meu semelhante, crer na sinceridade de um abraço.

Desde o lar Sanlaap, os voluntários da IJM, até meus queridos pais brasileiros, que cuidam de mim e das minhas irmãs com dedicação e amor profundo, homens como meu querido avô brasileiro que com seu olhar humilde e sua alma simples trocou todas as suas conquistas pessoais para criar e sustentar um projeto de resgate a meninas e meninos explorados nos bordéis. Pessoas que jamais conhecerei, mas que de algum modo oraram pelo meu resgate, contribuíram com seus bens, com seu tempo. Atualmente somos dezenas de meninas resgatadas, milhares de crianças que recebem bolsas de estudo em sete países.

Quero ser um exemplo para as pessoas do vilarejo. Muitos o abandonam por pensarem que não há esperança de mudanças, e por isso não fazem nada por ele. Penso que depende de nós, de como enxergamos a situação, podemos desistir, pensando que não há mesmo como fazer algo para ajudar as pessoas, ou ver essas dificuldades como oportunidades de transformação. Se pensarmos que é possível e trabalharmos muito por algo, então mudanças ocorrerão. Talvez as mudanças não aconteçam rapidamente, mas acredito que com dedicação as mudanças acontecerão e as próximas gerações viverão em paz.

Depois de perceber Deus, perdi o medo, sei que Ele está sempre de ouvidos abertos às minhas orações. Ele é a pessoa mais importante para mim, tudo pode mudar de um dia para o outro, mas Deus nunca mudará, Ele sempre me amará. Alegro-me pelo privilégio de poder chamá-lo de Pai, poder me aconchegar em seu colo, descansar em seu amor.

A menina órfã, esquecida por todos, abandonada ao azar e sem esperança alguma... A rude florzinha do Himalaia, uma Tamang, mais uma Tamang que foi vendida, entregue aos lobos ferozes e famintos...

Eu me imaginava como um grão de pó numa estrada, o qual ninguém se importava ou valorizava. Pisavam em mim, passavam por cima, me viam, mas ninguém se importava. Só me usavam. Eu nada tinha, nada sequer, apenas o sofrimento pesava sobre mim, uma força que me fazia prostrar... Mas Deus transformou pó em ouro, meu valor excede a toda a riqueza da terra... Descobri em Deus, nas pessoas que caminham ao meu lado que: a minha vida vale mais que coisas.

Anjali Tamang realizou o seu sonho de abrir uma escola de ensino básico na montanha Tamang, como parte do projeto antitráfico, em 2021. Atualmente, cerca de 150 crianças são educadas nesta escola e a mentalidade da sua comunidade também está mudando.

Você pode contribuir com o trabalho de Anjali através da Providence Mobilization clicando no link abaixo:

A Historia De Um Resgate

STRIPE

"Quando eu estava perdida e sozinha E os meus
sonhos foram roubados de mim
Eu encontrei alguém que me deu esperança E
libertou o meu espírito

Quando eu estava triste, com medo
E as minhas lágrimas foram silenciosamente
escondidas
Eu conheci alguém que chamou pelo meu nome E me
segurou em seus braços

Ele sabe o meu nome, Ele sabe onde eu moro
Ele conhece minha voz
Ele conhece meu coração Tudo o que eu tenho que
fazer É chama-lo por seu nome
Ele é Jesus, meu único e verdadeiro amigo

Agora eu estou livre,
Livre para voar
Para viver os sonhos que Ele tem para mim
Ele me chama de a "menina de seus olhos"
Para sempre Ele é meu e eu sou dele"

---

* Música "The Apple of His Eye", faixa 10 do Álbum "Jesus fez por mim", do Meninas dos Olhos de Deus.

Made in the USA
Columbia, SC
13 November 2024